UNE
LARME DU DIABLE

PAR

THEOPHILE GAUTIER.

TROISIÈME ÉDITION.

PARIS.

UNE LARME DU DIABLE.

OUVRAGES DE L'AUTEUR :

ALBERTUS, poésies. 1 vol. in-18.
LES JEUNE FRANCE. 1 vol. in-8°.
Mlle DE MAUPIN. 2 vol. in-8°.
FORTUNIO. 1 vol. in-8°.
LA COMÉDIE DE LA MORT, poésies. 1 grand vol. in-8°.

SOUS PRESSE :

**PROMENADES DE DEUX VOYAGEURS ENTHOU-
    SIASTES**, 1re livraison. 1 vol. in-8°.
LE CAPITAINE FRACASSE. 2 vol. in-8°.

IMPRIMERIE DE E. DUVERGER,
Rue de Verneuil, n° 4.

UNE
LARME DU DIABLE

PAR

THÉOPHILE GAUTIER.

Troisième Édition.

PARIS

DESESSART, ÉDITEUR,

15, RUE DES BEAUX-ARTS.

1839

UNE LARME DU DIABLE,

MYSTÈRE.

UNE LARME DU DIABLE,

MYSTÈRE.

SCÈNE I.

La chambre d'Alix et de Blancheflor.

ALIX.

J'ai beau travailler, ma sœur, je n'aurai jamais fini de broder cette chape pour le saint jour de Pâques.

BLANCHEFLOR.

Je t'aiderai, ma très chère Alix, et avec la grâce

de Dieu nous arriverons à temps. Voici que j'ai fini la couronne que je tresse à la sainte Vierge avec des grains de verre et de la moelle de roseau.

ALIX.

J'ai encore à faire tout ce grand pavot aux larges feuilles écarlates. J'ai bien sommeil, mes yeux sont pleins de sable, la trame du canevas s'embrouille, s'embrouille, la lampe jette des lueurs douteuses, l'aiguille s'échappe de mes doigts; je m'endors...

L'ANGE GARDIEN.

Mon enfant, mon Alix, tâche de te réveiller; tu n'as pas fait ta prière ce soir.

ALIX.

Pater noster, qui es in cœlis...

BLANCHEFLOR.

Je m'en vais te délacer et te coucher; tu rêves tout debout. Après je me déshabillerai moi-même et dormirai à mon tour.

L'ANGE GARDIEN.

La voilà presque nue; on dirait une des statues d'albâtre de la cathédrale à la voir si blanche et si diaphane; elle est si belle que j'en deviendrais amoureux, tout ange que je suis, si je continuais à la regarder plus longtemps. Ce n'est pas la première fois que les fils du ciel se sont épris des filles des hommes. Voilons nos yeux avec le bout de nos ailes.

BLANCHEFLOR.

Bonne nuit, Alix.

ALIX.

Blancheflor, bonne nuit.

PREMIER ANGE GARDIEN.

Elles dorment dans leur petit lit virginal comme deux abeilles au cœur d'une rose. Soufflons la lampe et remontons là haut faire notre rapport au Père éternel.

SECOND ANGE GARDIEN.

Frère, attends encore un peu; n'as-tu pas remarqué comme la pauvre Alix avait ses beaux yeux tout rouges à force de travailler. Je veux lui achever son pavot afin qu'elle ne se fatigue plus la vue, et que messire Yvon, le chapelain, puisse mettre sa chape neuve à la grand'messe du jour de Pâques.

PREMIER ANGE GARDIEN.

Je le veux bien, mais prends garde de te piquer les doigts avec l'aiguille.

SCÈNE II.

Le Paradis du bon Dieu.

LE BON DIEU.

Le temps vient de faire encore un pas, c'est un jour de plus qui tombe dans mon éternité : la millième partie d'un grain de sable dans la mer !

VIRGO IMMACULATA.

Les petits enfants dorment dans leurs berceaux et les colombes dans leurs nids. Les jeunes filles récitent mes litanies et les cloches bourdonnent mon Angelus.

CHRISTUS.

Les moines sautent les versets du bréviaire pour arriver plus tôt à l'heure du souper. Tintinillus, dans cette seule journée, a rempli mille fois son sac des oraisons qu'ils écourtent, des syllabes qu'ils bredouillent et des antiennes qu'ils passent.

LE BON DIEU.

Azraël et son compagnon ne sont pas venus me

rendre leurs comptes et faire signer leurs livres;
pourtant le souffle endormi des deux jeunes filles
confiées à leur garde monte jusqu'au pied de mon
trône comme un parfum et comme une harmonie.
Ah! mes beaux anges, vous êtes des paresseux, et
si vous ne vous corrigez, je vous priverai de musique pendant deux ou trois mille ans.

VIRGO IMMACULATA.

Azraël fait de la tapisserie; il brode un grand
pavot rouge comme le sang qui sortit de votre
plaie le jour de la Passion, ô Jésus! ô mon fils
bien-aimé!

CHRISTUS.

C'est avec mon sang, avec mon pur sang que
cette soie a été teinte; quelle pourpre va mieux
au dos du prêtre que le sang du Seigneur, du Seigneur Dieu!

AZRAEL.

Père, nous voici.

LE BON DIEU.

Donne ton livre, Azraël. Mizaël, donnez le
vôtre.

MIZAEL.

O maître! voulez-vous la plume pour signer, la plume de l'aigle mystique?

LE BON DIEU.

Tout à l'heure! Eh quoi! la feuille des péchés, même des péchés véniels, aussi blanche que la tunique de mon fils lorsqu'il apparut sur le Thabor! Mes anges, vous êtes trop distraits et vous êtes de mauvais espions. Vous, Mizaël, quand vous étiez l'ange gardien de sainte Thérèse, qui ne voulait pas que l'on médît du diable et le plaignait de ne pouvoir aimer, vous m'apportiez une liste encore assez honnête de péchés, et pourtant sainte Thérèse est une grande sainte. Vous, Azraël, qui avez été l'ange gardien de la Vierge, vous aviez le soir sur votre rôlet une ou deux mauvaises pensées; n'est-il pas vrai?

MIZAEL.

Père, sainte Thérèse était Espagnole.

AZRAEL.

Père, la Vierge avait eu un enfant.

LE BON DIEU.

Je vois jusqu'au fond de vos cœurs; vous êtes

amoureux de ces deux jeunes filles; je m'en vais faire une enquête sur elle, et, si elles sont aussi pures que vous le dites, je vous accorde leur âme en mariage; vous les épouserez aussitôt qu'elles arriveront ici. Qu'avez-vous à dire, Christus?

CHRISTUS.

Rien qui ne leur soit favorable. Ce matin je me me suis déguisé en mendiant, je leur ai demandé l'aumône; elles ont déposé dans ma main lépreuse, chacune à leur tour, une grosse pièce de cuivre toute glacée de vert-de-gris. Saint Éloi, prenez-les, nettoyez-les, et forgez-en un beau calice pour la communion de mes Chérubins.

VIRGO IMMACULATA.

Elles ont fait brûler dans ma chapelle plus de dix livres de cire et m'ont donné plus de vingt couronnes de filigrane et de roses blanches.

TINTINILLUS.

Je n'ai pas dans mon sac une seule ligne de prière passée par elles, pas même un seul *amen*.

L'ÉTOILE DU MATIN.

En me levant je les regarde toutes deux par le

coin du carreau et je les vois qui travaillent ou qui prient.

LA FUMÉE DE LA CHEMINÉE.

Jamais je ne les ai entendues, comme les autres jeunes filles, parler de bals, de galants, sous le manteau de la cheminée en tisonnant le feu ; jamais je n'ai emporté sur mes spirales bleues des rires indécents et des paroles mondaines de leur maison vers votre ciel.

L'ÉTOILE DU SOIR.

Comme ma sœur matinale, je les ai toujours vues travailler ou prier.

SOL.

Je me souviens à peine de les avoir rencontrées ; elles ne sortent que le dimanche pour aller à la messe ou à vêpres.

LA BRISE.

J'ai passé à côté d'elles, l'une chantait ; j'ai pris sa chanson sur sa bouche, la voici.

LE BON DIEU.

Il n'y a rien à dire.

LUNA.

Moi, je ne les connais pas. Je ne les ai pas aperçues une seule fois parmi les couples qui s'en vont le soir sous les tonnelles; j'ai eu beau ouvrir mes cils d'argent et mes prunelles bleues, elles ne sont jamais sorties après leur mère couchée; elles sont plus chastes que moi, que l'on appelle la chaste, je ne sais pas trop pourquoi, et qui ai prêté ma clarté à tant de scènes qui ne l'étaient guère.

LE BON DIEU.

Voilà qui est bien; vous les épouserez; ce sont deux âmes charmantes. Allons, mes Trônes, mes Principautés, mes Dominations, entonnez le Cantique des cantiques et réjouissez-vous, puisque voici deux créatures aussi vierges que Maria ma bien-aimée.

UNE VOIX.

Ah! ah! ah!

LE BON DIEU.

Quel est le drôle qui ose ricaner dans mon paradis d'une manière aussi insolente?

SCÈNE III.

SATANAS.

C'est moi, vieille barbe grise, moi, Satanas, le diable, comme on dit; ce qu'il y a de plus grand après toi, le gouffre après la montagne.

LE BON DIEU.

Que faisait mon portier saint Pierre avec ses clefs? où avait-il la tête de te laisser entrer ici pour nous empester de ton odeur de soufre?

SATANAS.

Saint Pierre n'était pas à sa loge; il était à se promener. Il vient, grâce à moi, si peu de monde ici que sa charge est une vraie sinécure.

LE BON DIEU.

Beaucoup d'appelés et peu d'élus.

SATANAS.

Il n'y a dans ton paradis que des mendiants, des imbéciles et des enfants morts à la mamelle; on y est en bien mauvaise compagnie; chez moi c'est bien différent; ce ne sont que papes, cardinaux, empereurs, rois, princes, dames de haut parage, poëtes, savants, courtisanes, saints du calendrier; la société est la plus réjouissante du monde et l'on ne saurait en trouver une meilleure.

LE BON DIEU.

Je ne sais pas à quoi il tient, mon bel ange roussi, que je ne te précipite à cent mille lieues au-dessous du neuvième cercle d'enfer, et que je ne t'y fasse river avec des chaînes de diamant.

SATANAS.

Père éternel, tu te fâches, donc tu as tort.

LE BON DIEU.

Maudit, pourquoi as-tu fait ah! ah! lorsque j'ai ordonné à mes anges de chanter le *Te Deum?*

SATANAS.

Par mes cornes et ma queue! vous faites vous autres beaucoup de vacarme pour peu de chose, et en cela vous ressemblez beaucoup aux rois de la terre; vous voilà bien fiers pour deux âmes de petites filles que je n'ai pas seulement essayé de tenter, comptant bien qu'elles me reviendraient tôt ou tard, et cela sans que je m'en mêle.

LE BON DIEU.

Vous êtes bien fanfaron, monsieur du diable!

SATANAS.

Parions, seigneur Dieu, que je les fais tomber en péché mortel d'ici avant deux jours.

LE BON DIEU.

Souviens-toi de Job.

SATANAS.

Job était un homme, le cas est bien différent.

VIRGO IMMACULATA.

Satanas, vous n'êtes pas galant, à ce que je vois.

SATANAS.

Pardon, madame la Vierge; c'est moi qui le premier ai fait, pour la première fois, la cour à la première femme; sans être fat, je me puis vanter de ne pas avoir trop mal réussi.

LE BON DIEU.

La moitié de la besogne était faite : Ève était gourmande et curieuse, et son mari n'était pas un grand sire; mais ce n'est pas de cela qu'il s'agit: que veux-tu que je parie avec toi, mécréant?

SATANAS.

Si je perds, je vous rendrai les âmes de cinquante de vos saints qui sont à cuire dans la grande chaudière.

LE BON DIEU.

Et si tu gagnes ?

SATANAS.

Si je gagne, jurez par votre barbe de m'accorder la grâce d'*Eloa*, ce bel ange femelle qui m'a suivi par amour en enfer; elle ne s'est pas révoltée contre vous et l'anathème n'a pas été fulminé sur elle; qu'elle reprenne sa place parmi les anges.

LE BON DIEU.

Tu n'es pas aussi diable que tu es noir; j'accepte tes conditions, et je suis fâché de ce que ma parole soit irrévocable, car tu es un bon compagnon et j'aimerais assez t'avoir en paradis. Mais quelle est cette voix que j'entends là-bas, là-bas, si faible que l'on ne sait si c'est un chant ou une plainte?

SPIRITUS SANCTUS.

Je la reconnais, c'est la voix d'Eloa, l'amoureuse de Satanas.

LE BON DIEU.

Que dit-elle? Depuis deux ou trois éternités que je suis celui qui est, j'ai l'ouïe un peu dure,

CHRISTUS.

Sphères harmonieuses, ciel de cristal qui vibrez comme un harmonica, suspendez votre ronde et faites taire un instant votre musique afin que nous puissions entendre!

LA SPHÈRE.

Je t'obéis, ô maître! et ne chante plus.

LE CIEL.

Mes étoiles aux yeux d'or sont immobiles et se tiennent par la main, en attendant que je reparte.

ELOA.

L'enfer avec mon damné, plutôt que le paradis avec vous.

MIZAEL.

Ah! Satanas, qui ne voudrait être à votre place pour être aimé ainsi?

VIRGO IMMACULATA.

Quoi qu'il soit un peu basané, Satanas a vraiment fort bonne tournure; beau garçon et malheureux, il a tout ce qu'il faut pour inspirer de l'amour.

CHRISTUS.

Ce n'est pas d'aujourd'hui, ô ma mère! que les

honnêtes femmes aiment les mauvais sujets; moi qui étais le plus parfait des hommes, puisque j'étais Dieu, je n'ai pu me faire aimer que de la Magdalena, qui était, comme vous le savez, une fille folle de son corps.

MAGDALENA.

C'est au cœur du bourbier que l'on désire le plus vivement respirer l'odeur de la rose.

LE BON DIEU.

Eh bien! puisqu'Eloa ne veut pas de sa grâce, que te donnerai-je si je perds?

SATANAS.

Une goutte d'eau, messire Dieu, car j'ai soif, j'ai soif.

L'ÉCHO DE L'ÉTERNITÉ.

J'ai soif.

SCÈNE IV.

VIRGO IMMACULATA.

Le voilà parti; j'ai peur qu'il ne réussisse.

LE BON DIEU.

Maria, vous avez trop bonne opinion de ce drôle.

MIZAEL.

O ma pauvre Blancheflor, je ne serai plus là pour te garder!

AZAEL.

Alix! Alix! j'ai bien peur que ton âme ne soit jamais mariée à la mienne.

MAGDALENA.

Vous n'êtes guère amoureux, si vous pensez que celle que vous avez choisie puisse se laisser séduire par un autre.

OTHELLO.

Perfide comme l'onde!

VIRGO IMMACULATA.

Tais-toi, vilain nègre; avec tes gros yeux et tes

lèvres bouffies, il t'appartient bien de médire des femmes!

SPIRITUS SANCTUS.

Allez-vous vous quereller et vous prendre aux cheveux comme des docteurs en théologie?

DESDEMONA.

Pardonnez-lui, Marie, je lui ai bien pardonné, moi.

LE BON DIEU.

A quoi allons-nous passer la soirée? Sainte Cécile! si vous nous jouiez un air sur la basse que mon peintre Raphaël vous a si galamment donnée! Que vous en semble? mon bon roi David danserait pendant ce temps-là un pas de sa composition.

SAINTE CÉCILE.

Que vous jouerai-je?

LE BON DIEU.

Du Mozart ou du Cimarosa, à ton choix. Je défends aux vents et au tonnerre de dire un seul mot de tout ce soir; je veux entendre mon grand air avec tranquillité.

SCÈNE V.

La chambre d'Alix et de Blancheflor.

ALIX.

In nomine Patris, et Filii, et Spiritus Sancti.

BLANCHEFLOR.

Amen.

TINTINILLUS.

Ce n'est pas ici que je remplirai mon sac ; allons au couvent des révérends pères.

LE GRILLON.

Cri-cri.

BLANCHEFLOR.

Éveillée aussitôt que nous, tu es bien matineuse, petite bête.

ALIX.

Et pourtant tu n'as autre chose à faire pendant

toute la journée que chanter ta ballade, te chauffer les pattes et faire la causette avec la marmite. Mais il me semble que je n'avais pas terminé le grand pavot aux feuilles écarlates. Est-ce que tu as travaillé après que j'ai été couchée, Blancheflor?

BLANCHEFLOR.

Non, ma sœur.

ALIX.

C'est étrange.

BLANCHEFLOR.

Louons Dieu.

SATANAS, en dehors.

Miaou-miaou! Ouvrez-moi la fenêtre, je suis votre chat; j'ai passé la nuit dans la gouttière.

BLANCHEFLOR.

N'ouvre pas; je n'ai pas encore mis ma guimpe, et le page Valentin est à sa croisée.

SATANAS.

Sainte pudeur!

LA CLOCHE.

Mes fidèles, mes chrétiens, écoutez ma petite voix d'argent et venez à la messe, à la messe du bon Dieu, dans votre église paroissiale. Din-din-drelin-din.

ALIX.

Dépêchons-nous, nous n'arriverons jamais à temps.

LA CLOCHE.

L'enfant de chœur a déjà mis sa calotte rouge et son surplis blanc; le prêtre revêt son étole brodée d'or et de soie. Din-din-drelin-din.

BLANCHEFLOR.

La messe est pour six heures; nous avons encore un grand quart d'heure.

L'HORLOGE.

Partez, mes enfants, partez; vous n'avez pas un instant à perdre; mes aiguilles sont des paresseuses; je retarde de vingt-cinq minutes.

LA CLOCHE.

Vite, vite, mes colombes, on est à l'Introït. Din-din-drelin-din.

SCÈNE VI.

Une rue.

SATANAS, en marchand.

Mes belles demoiselles, daignez jeter les yeux sur ma boutique; elle est on ne peut mieux fournie. Voulez-vous des rubans, du point de Venise, du satin du Levant, des miroirs de poches en pur cristal? voulez-vous du lait virginal, de l'essence de roses? Celle-ci est véritable, elle vient de Constantinople directement; c'est un renégat qui me l'a vendue.

BLANCHEFLOR.

Nous verrons en revenant de la messe.

MIZAEL, qui la regarde d'en haut.

Bien répondu, Blancheflor.

SATANAS.

Ceci dérange mes projets; il faut qu'elles man-

quent la messe; cela me donnera prise sur elles.
ALIX.

Je n'achèterai rien à ce marchand; je lui trouve quelque chose de faux dans la physionomie.

SATANAS, un peu plus loin en jongleur.

La coquetterie a manqué son effet, essayons de la curiosité; c'est par ce moyen qu'autrefois je suis venu à bout d'Ève la blonde. Mesdames et messieurs, entrez, entrez, entrez; c'est ici et non autre part que l'on trouve véritablement les sept merveilles de la nature. Pour un pauvre sol marqué vous verrez autant de bêtes étranges et curieuses que n'en vit onc Marc-Paul en ses voyages, telles qu'oriflants, caprimulges, coquesigrues, cigales ferrées, oisons bridés, caméléons, basilics, dragons volants, singes verts, licornes, ânes savants et autres, tout ainsi qu'ils sont portraits sur la pancarte ci-contre. Entrez, entrez, entrez.

BLANCHEFLOR.

Cela doit être bien curieux!

ALIX.

Ne nous arrêtons pas; tout le monde est déjà entré dans l'église.

SATANAS.

Les fièvres quartes te sautent à la gorge! Elle commençait de mordre à l'hameçon. Changeons nos batteries.

AZAEL, au paradis.

Brava, Alix, brava!

SATANAS, en jeune seigneur.

Corbaccho! je n'ai jamais vu deux si charmantes demoiselles; elles valent à elles deux les trois Charités et ensemble madame Cythérée, la mère des amours. Mesdemoiselles, cette rue est pleine de ribauds et de croquants; daignez accepter mon bras; l'on pourrait vous affronter.

BLANCHEFLOR.

Il n'est pas besoin et ne prenez tant de souci; nous voici au portail de l'église.

SCÈNE VII.

Le portail de l'église.

NIHILVALET, mendiant.

Mon beau gentilhomme, la charité, la charité, s'il vous plaît ; je prierai le bon Dieu pour vous.

SATANAS.

Prie-le pour toi et prends des aides; car tu auras fort à faire à tirer ton âme d'entre mes griffes; je suis...

NIHILVALET.

Pardon, maître, je ne vous avais pas reconnu.

TRAINESAQUILLE, autre mendiant.

Voici, mon duc, des reliques à acheter, des agnus, des médailles, des rosaires bénis par le pape. Ceci est un morceau de la vraie croix; ceci une phalange du petit doigt de saint Jean.

SATANAS.

Le morceau de la vraie croix est un morceau de la potence où tu seras branché un de ces jours ou l'autre; la relique est un os que tu as pris à la carcasse de ton frère le Bohême qui a été pendu.

TRAINESAQUILLE.

Vous savez tout; vous êtes donc...

SATANAS.

Tais-toi.

BRINGUENAZILLES, très bas.

Mon prince, j'ai ici dans un bouge à deux pas un vrai morceau de roi, quinze ans, des cheveux jusqu'aux pieds, blanche, ferme; c'est presque vierge et pas cher; pour trois écus au soleil, deux pour moi et un pour elle, et ce que vous voudrez à la fille, vous en verrez la fin.

LA GRAND'OUDARDE, pauvresse.

Mes chères demoiselles, il y a huit jours que je n'ai mangé.

SATANAS.

Arrière! ou je te fais baiser mon argot. Le seuil de ton église, Père éternel, ressemble assez à une des gueules de mon enfer.

GIBONNE, deuxième pauvresse.

Je suis aveugle et paralytique.

ALIX et BLANCHEFLOR.

Tenez, ma bonne femme, voilà pour vous.
(Elles passent.)

LA GRAND'OUDARDE.

A-t-on jamais vu cette vieille ribaude qui vient me débaucher mes pratiques jusque sous mon nez et me retirer le pain de la bouche! Tiens, empoche celle-là.

GIBORNE.

Voleuse d'enfants, Égyptienne, gaupe, truande, tu vas voir que ma béquille est en bon cœur de chêne!
(Elles se battent.)

SCÈNE VIII.

L'intérieur de l'église.

SATANAS.

Il n'y a ici que des enfants et des vieilles femmes, ceux qui ne sont pas encore et ceux qui ne sont plus; les enfants qui marchent à quatre pattes et les vieillards qui marchent à trois, voilà donc ceux qui forment ta cour, ô Père éternel! Tout ce qui est fort, tout ce qui est grand dédaigne comme moi de te rendre hommage. Par les boyaux du pape! je ne suis pas en scène, et, tout en philosophant, j'oubliais de prendre de l'eau bénite.

L'EAU BÉNITE.

Qui vient donc de tremper ses doigts dans ma conque d'ivoire? on dirait que c'est un fer rouge; une chaleur insupportable s'est répandue dans moi;

je fume, je siffle, je monte et je bous comme si le bénitier était une chaudière.

BERTHE.

Derrière le Clos-Bruneau, après la messe. Prenez garde, Landry, on pourrait vous voir.

LANDRY.

J'y serai. Ton bras est plus doux qu'un col de cygne. Je t'adore, ma belle amie.

SATANAS.

Je n'ai que faire là; ils sont en bon chemin et iront fort bien tout seuls.

LE PRÊTRE.

Dominus vobiscum.

L'ENFANT DE CHOEUR.

Et cum spiritu tuo.

SATANAS.

Tu tuo... Quelle cacophonie et quel latin! du vrai latin de cuisine. Le bon Dieu n'est pas difficile. Ce prêtre-là a l'air d'un buffle à qui l'on aurait scié les cornes. Si le Seigneur est avec son esprit, le Seigneur court grand risque d'être seul ou en bien mauvaise compagnie. Mais avisons à ce que font nos deux péronnelles.

BLANCHEFLOR.

Libera nos à malo.

SATANAS, ricanant.

Délivrez-nous du mauvais. Ainsi soit-il. (à demi-voix.) Il paraît qu'on s'occupe de moi. Que cette jeune fille est belle! on la prendrait plutôt pour une dame de la cour que pour une simple bourgeoise ; elle efface toutes ses compagnes.

L'ORGUEIL DE BLANCHEFLOR.

Il est vrai que je ne suis pas mal, et que, si j'étais parée, peu de jeunes filles pourraient l'emporter sur moi.

SATANAS.

Ah! ah! voilà quel est ton avis! Oh! les femmes, les femmes! Je crois que la plus humble a encore plus d'orgueil que moi, le diable, qui ne reconnais personne au-dessus de moi, pas même Dieu. (haut.) Tous les hommes ont les yeux fixés sur elle, et si elle voulait pour amant ou pour mari le fils du comte, elle l'aurait très certainement.

L'ORGUEIL DE BLANCHEFLOR.

Pourquoi pas?

(Elle laisse tomber son livre de messe.)

SATANAS.

Voilà qui marche on ne peut mieux. Essayons de l'autre maintenant.

ALIX.

Ma sœur est bien distraite aujourd'hui.

SATANAS, se logeant dans la boucle d'oreille d'Alix et la faisant parler.

Je suis faite avec l'or le plus fin et par le meilleur orfévre; on croirait qu'il a pris un rayon du soleil, qu'il l'a forgé et arrondi en cercle, tant je suis luisante et polie; aucun 'œil ne peut soutenir mon éclat; je suis ornée d'une grosse émeraude du plus beau vert de mer, et, au moindre mouvement, je fais un cliquetis le plus agréable et le plus coquet du monde; les boucles d'oreille de Berthe ont l'air de cuivre rouge. Et puis je mords par son lobe de corail la plus charmante oreille qui se soit jamais enroulée, comme une coquille de nacre, près d'une tempe transparente et sous de beaux cheveux noirs.

L'OREILLE D'ALIX.

En vérité, je suis bien plus petite et bien mieux ourlée que l'oreille de ma sœur.

SAINT BONAVENTURE, se détachant du vitrage et se projetant comme une ombre sur le col d'Alix.

Alix, Alix, prends garde!

SATANAS.

Ce n'est pas de jeu, Père éternel; tu triches, cela n'est pas honnête; tu devais me laisser agir. J'aperçois aussi par là les anges gardiens des deux créatures; s'ils ne s'en vont, je les plumerai tout vifs.

LE PÈRE ÉTERNEL.

Tu prends la mouche hors de propos. C'est la réfraction du soleil à travers les vitraux.

SATANAS.

A d'autres; le soleil n'est pas de ce côté et les autres ombres se projettent toutes en sens inverse.

LE PÈRE ÉTERNEL.

Allons, Bonaventure, remonte à ta fenêtre et replace-toi dans ta chape de plomb.

AZRAEL, au paradis dans sa stalle.

Elle est perdue, elle est perdue! Distraite pendant la messe!

MAGDALENA.

Perdue! et pourquoi? J'en ai bien fait d'autres, moi qui vous parle, et cependant me voilà ici; elle se repentira après, et la confession la rendra plus blanche que neige.

SATANAS, sous la figure du fils du comte.

Mademoiselle, voici votre Missel qui était tombé à terre; il est tout fripé et tout taché; daignez accepter le mien. Laissez-moi celui-ci : j'ai un enlumineur fort habile qui réparera le dommage.

BLANCHEFLOR.

Monseigneur, vous êtes bien bon... (Elle ouvre le livre.) Ah! mon Dieu! qu'il est beau! que ces figures sont bien peintes! quelles couleurs éclatantes! Le ciel n'a pas d'azur plus limpide que celui-ci. Comme cet or brille! comme ces fleurons sont délicatement entrelacés! que ces marges sont ornées avec goût! C'est un livre très précieux. Voyons les images. (Elle feuillète le livre.) Quel est donc ce sujet? je ne le connais pas. Un jeune homme et une jeune fille qui se promènent seuls dans un beau jardin en fleurs; leurs yeux brillent d'un éclat extraordinaire, leurs lèvres s'épanouissent comme des roses.

Le jeune homme a un bras autour de la jeune fille ; on dirait qu'ils vont s'embrasser. C'est étrange, mais je n'ai jamais vu de pareilles vignettes dans un livre de messe. Comme ils ont l'air heureux !... Je suis toute troublée et il me vient des pensées qui ne m'étaient pas encore venues... Ah ! que vois-je encore ? un autre couple : la femme est à moitié nue, ses cheveux inondent ses blanches épaules, ses bras diaphanes sont noués au cou d'un beau cavalier ; les lèvres de la femme sont collées aux siennes, elle a l'air de boire son haleine. Apparemment c'est la parabole de l'enfant prodigue quand il est chez les courtisanes. (Elle tourne encore quelques feuillets ; les images deviennent de plus en plus licencieuses.) Je me sens la figure tout en feu ; je ne voudrais pas voir et je regarde. Que tout cela est singulier !

SATANAS.

Si cette vertu-là était seule dans une chambre, le premier vice un peu bien vêtu qui se présenterait en aurait bon marché. Sa gorge palpite comme une eau pendant l'orage, ses joues sont plus rouges que des cerises, ses yeux sont humides. Comme l'idée du plaisir agit sur ses jeunes têtes ! Ces trois pauvres petites vertus théologales ne sont réellement pas de force à lutter contre sept gros gaillards de péchés capitaux !

BLANCHEFLOR.

Il me semble qu'il serait bien agréable d'être embrassée ainsi par le page Valentin ; il a les dents si blanches et les lèvres si roses ! Voyons encore cette image ; je n'en regarderai plus après.

SATANAS.

Tu les regarderas jusqu'à la dernière, ou je veux m'emporter moi-même.

MIZAEL, là-haut.

Mais c'est qu'elle y prend goût. Aurait-on cru cela ? l'eussiez-vous cru, Desdemona ?

DESDEMONA.

Je ne le croyais pas ; mais ma suivante Emilia n'était pas de mon avis, et prétendait que la chose était commune.

MIZAEL.

Fiez-vous donc à ces petites prudes qui s'en vont l'œil baissé et les mains croisées sur la modestie.

MAGDALENA.

Je vous avais bien dit qu'il n'y avait rien de si chanceux que d'aimer des honnêtes femmes; il y a toujours là-dessous quelque déception.

DESDEMONA.

Comme vous y allez, Magdalena, parce que vous avez mené une conduite pour le moins équivoque, il ne faut pas...

MAGDALENA.

Allez donc, madame l'amoureuse de nègres, qui vous êtes sauvée de nuit de chez votre père, le digne Brabantio !

DESDEMONA.

C'était avec mon mari; il faut suivre son mari, et je me moque de ce que...

MAGDALENA.

Je veux bien croire que les soupçons du moricaud sur Cassio fussent injustes; il y avait un motif qui vous empêchait de prendre un amant : les enfants que vous auriez faits avec lui auraient été blancs, et cela vous aurait vendue.

DESDEMONA.

Peut-on dire de pareilles horreurs? J'en ai les larmes aux yeux.

CHRISTUS.

Paix, Magdeleine! respectez un peu la plus belle fille de mon poëte Shakspeare.

BLANCHEFLOR.

Si j'avais un amant qui ressemblât au jeune seigneur peint sur cette miniature, je serais bien heureuse.

LE PRÊTRE.

O salutaris hostia.

SATANAS, se sauvant.

Je brûle, je brûle.

BLANCHEFLOR.

Est-ce que j'ai dormi et rêvé? Ou est donc le livre que je tenais tout à l'heure?

ALIX.

Tu cherches ton livre, le voilà.

(Elle lui donne son véritable livre de messe.)

BLANCHEFLOR.

Mon Dieu! pardonnez-moi la coupable distraction que j'ai eue pendant votre sainte messe; il s'est passé en moi quelque chose qui n'est pas naturel : l'air que je respirais m'enivrait comme du vin ; mon souffle me brûlait les lèvres, les oreilles me tintaient, mes tempes battaient, des images impures dansaient devant mes yeux. Je ne me suis jamais sentie ainsi.

LE PÈRE ÉTERNEL.

Pauvre enfant ! je le crois bien. Mizaël, descends lui dire que je lui pardonne.

MIZAEL.

Blancheflor, Dieu vous pardonne.

BLANCHEFLOR.

Je me sens plus tranquille.

ENGOULEVENT.

Comme l'or rit et babille à travers les mailles de cette bourse ! Elle ne tient qu'à un fil ; si je le coupais ?

SATANAS, à son oreille.

Coupe-le, personne ne te voit.

ENGOULEVENT.

Au fait, ce vieux ladre est riche, et je ne lui ferai pas grand tort.

SATANAS.

Au voleur! au voleur! Cet homme vient de happer une bourse.
(On le saisit.)

ENGOULEVENT.

Malheur à moi! ô mes pauvres enfants!

SATANAS.

Tu vas être pendu; tu es en péché mortel; ton âme me revient. Ce n'est pas grand'chose, mais cela fait toujours nombre; et puis tes enfants sans pain deviendront des voleurs comme toi; ils seront pendus comme toi, et ils iront en enfer comme toi. Je n'ai pas perdu tout-à-fait mon temps.

LE PRÊTRE.

Ite, missa est.

ALIX.

Allons-nous-en, ma sœur.

BLANCHEFLOR.

Donne-moi le bras; je suis si étourdie que je ne puis me soutenir. (*Exeunt.*)

SATANAS.

Enfin les voici dehors; j'espère que mes tentations auront un meilleur succès dans un autre endroit.

SCÈNE IX.

L'allée du parc.

JEHAN LAPIN.

Je me frotte la moustache avec la patte parce que mon amie va passer; il faut que mon poil soit lustré et ma fourrure sans tache. Je n'ai jamais connu de lapine aussi petite maîtresse.

LE COLIMAÇON.

O charmante rose! je t'aime! Permets que je te baise à la bouche et au cœur; tu es pleine de délices et je me pâme rien qu'à t'approcher.

LA ROSE.

Fi donc! pouah! pouah! Veux-tu me laisser avec tes vilains baisers pleins de bave.

SATANAS.

Ah ! voici l'éternelle histoire du monde : la vieillesse et la laideur aux prises avec la vertu et la beauté. Il me semble voir une jeune fille qui épouse un vieux mari.

LE COLIMAÇON.

Ma rose, ma belle rose embaumée, il est vrai que je bave; mais ma bave est d'argent et je veux t'épouser.

LA ROSE.

Vous n'êtes pas si laid que je le croyais d'abord, et il me semble que je vous aime déjà beaucoup.

SATANAS.

Par le saintsangbreguoy ! colimaçon mon ami, tu es un habile séducteur; tu as en vérité tout ce qu'il faut pour faire le plus délicieux mari du monde : de l'argent et des cornes. Que diable veut donc ce papillon qui voltige par ici et qui bourdonne à l'oreille de la rose? Ah ! je devine; c'est le galant, c'est l'ami de cœur; aussi il faut convenir qu'il a un peu meilleure façon que l'autre.

JEHAN LAPIN.

Cet homme qui se promène dans le bois a un

aspect bien singulier; ce n'est point un chasseur;
il n'a pas d'armes. Qu'est-ce donc?

SATANAS.

Monsieur du Lapin, je n'aime pas qu'on me
regarde. Qu'avez-vous à fixer sur moi vos gros
yeux bleus d'un air aussi stupide qu'un professeur
d'esthétique qui digère? Pourquoi remuez-vous le
nez comme un parasite qui flaire un repas, et
brochez-vous des babines plus vite qu'une vieille
femme qui dit du mal d'une de ses voisines?

LE LAPIN.

C'est que vous avez sur le front, écrite en caractères rouges, une inscription terrible: Je n'aimerai
jamais.

SATANAS.

Tu as lu ton Dante, Jehan Lapin. Et tu nous fais
une assez mauvaise imitation du fameux vers:

Lasciate ogni speranza voi ch' entrate.

LE LAPIN.

En vérité, maître, c'est écrit.

SATANAS.

Il a dit vrai! Je n'aimerai jamais, jamais. Ah!

comme tu te venges, Adonaï ! Pauvre Éloa, j'en ai pitié; mais qu'est cela près de l'amour?... Mes ailes sont brûlées, mais si je pouvais aimer seulement une minute, je sens que je remonterais au ciel.

CHOEUR DE LAPINS.

Paroles de M. Auber, musique de M. Scribe.

Chantons, célébrons ce beau jour,
Sautons, dansons, faisons l'amour.

SATANAS.

C'est de l'opéra-comique tout pur. Je pensais qu'il n'y avait que les Parisiens capables d'entendre de pareilles paroles sur de pareille musique. Je croyais les lapins plus forts.

CHOEUR DE PAPILLONS.

Les gouttes de rosée se balancent aux feuilles des marguerites; les abeilles font l'amour aux belles fleurs et boivent le nectar au fond de leurs calices. Déployons nos ailes bleues et rouges aux rayons du soleil; nous sommes les fleurs du ciel, les fleurs sont les papillons de la terre.

SATANAS.

Que tout cela est assommant et comme la nature est ennuyeuse! quelle fadeur! quelle monotonie! De l'herbe, des arbres, de la terre; je ne connais rien de moins récréatif, si ce n'est les descriptions des poëtes bucoliques. Ah! Théocrite et Virgile sont de grands sots et M. de Florian aussi. Par le premier péché de la mère Ève! l'enfer est encore plus amusant; on y a au moins le plaisir de tourmenter quelqu'un. Si je n'avais affaire ici, j'y retournerais bien vite. Après tout l'on n'est bien que chez soi, et l'on s'habitue à tout, même à griller éternellement. A force de me chauffer je suis devenu frileux, et je grelotte de froid devant ce pâle soleil. Ta création, Père éternel, est quelque chose d'assez mesquin, et tu ne devrais pas t'en enorgueillir comme tu le fais; le moindre décorateur d'opéra est plus imaginatif. Voici un point de vue qui est des plus médiocres; ce ciel est plat et cru, il a l'air de papier peint; ces lointains ne fuient pas, ces nuages ont des formes saugrenues; ces terrains sont mal coupés. Cela serait sifflé au premier acte d'un mélodrame, et le directeur mettrait à la porte un peintre qui aurait barbouillé un pareil paysage.

CHRISTUS, en paradis.

Satanas a le ton bien superlatif; il devrait se faire critique et écrire dans les journaux.

LE PÈRE ÉTERNEL.

Comme il parle irrévérencieusement de mon ouvrage! A-t-on jamais vu un drôle pareil? Il me prend je ne sais quelles envies de le foudroyer un peu.

SPIRITUS SANCTUS.

C'est moi qui suis le plus spirituel des trois, et en vérité ce ne le serait guère. Allez-vous vous battre en duel avec Satanas comme un petit grimaud avec le feuilletonniste qui trouve son ouvrage mauvais?

ALIX.

Tiens, voilà une fraise; comme elle est rose!

SATANAS, sous la forme d'une mouche.

Moins que tes lèvres, moins que celles de ton sein.

BLANCHEFLOR.

Comme elle sent bon !

SATANAS.

Moins bon que ton haleine.

ALIX.

Quel plaisir de se promener sous les larges feuilles des châtaigniers, avec des grappes de fleurs pour girandoles !

BLANCHEFLOR.

Sur un gazon couleur d'espérance, tout semé de marguerites et de paquerettes, dont la rosée s'égraine sous les pieds comme un collier de perles dont on casse le fil !

ALIX.

Voici une marguerite qui a un cœur d'or et des feuilles d'argent; questionnons-la.

BLANCHEFLOR.

Pourquoi faire ? nous n'avons pas d'amoureux.

ALIX.

Nous pourrions en avoir si nous le voulions ; il y en a beaucoup qui en ont, et qui ne nous valent pas.

BLANCHEFLOR.

Qu'importe! Voyons ce que la fleur va dire; cela nous amusera. C'est pour toi que j'arrache ces feuilles. M'aime-t-il? un peu; beaucoup; pas du tout. M'aime-t-il? un peu; beaucoup; pas du tout. Il ne t'aime pas du tout; c'est positif.

ALIX.

Tu t'es trompée, tu as sauté une feuille.

BLANCHEFLOR.

J'ai bien compté.

ALIX.

Non! te dis-je.

SATANAS.

Que la nature des femmes est une singulière nature! Voici une petite fille qui ne connaît l'amour que pour en avoir entendu parler, et qui s'indigne à la seule supposition que l'amant qu'elle n'a pas pourrait peut-être ne point l'aimer. Le moment est venu de nous montrer. La petite sera enchantée de faire voir à sa sœur que la marguerite en a menti. Ça, quelle figure allons-nous prendre, don Juan ou Lovelace? Don Juan est usé comme la soutane d'un séminariste ou l'escalier d'une fille de

joie; Lovelace est un peu plus inédit, et je ne doute
point que sa perruque poudrée et son habit à la
française ne fassent un effet merveilleux; il a bien
meilleur air que don Juan, ce mauvais râcleur de
guitare. J'aurais bien pris la figure de Chérubin,
mais nos donzelles sont trop jeunes pour être mar-
raines; elles n'ont pas encore l'âge qu'il faut pour
dire d'une manière convenable au page qui n'ose
pas : « Osez, » et elles ne savent pas le prix d'un
enfant qui veut cesser de l'être et en faire d'autres.

(Satanas prend la figure de Lovelace.)

ALIX.

Quel est ce beau cavalier qui s'avance vers nous?
Sa démarche est élégante, il a l'air tout-à-fait noble
et le plus gracieux du monde. C'est sans doute un
seigneur étranger, car son costume n'est pas celui
des jeunes hommes de cette ville.

BLANCHEFLOR.

On dirait qu'il veut nous aborder.

SATANAS, en Lovelace.

Mesdemoiselles, pardonnez-moi si je me mêle à
votre entretien sans y être convié; mais j'ai entendu, sans le vouloir, une partie de votre conver-

sation. Vous avez fait, à une fleur rustique et sotte qui ne sait ce qu'elle dit, une question à laquelle votre miroir eût répondu plus juste et plus pertinemment. Je m'inscris en faux contre la réponse de la fleur, et je suis sûr que tous les gens de goût en feront autant que moi.

ALIX.

L'honnêteté vous fait dire là des choses que vous ne pensez sans doute point.

SATANAS.

Je sais ce que je dis et je dis ce que je pense; vous allez voir que cette marguerite-ci aura plus de bon sens que l'autre. (il l'effeuille.) Je ne suis pas seul maintenant, et voilà une fleur bien avisée qui parle comme moi. Vous seriez plus incrédule que saint Thomas si vous ne vous rendiez à tant de témoignages.

BLANCHEFLOR, à part.

Comme il a de l'esprit et qu'il est beau! Mais il ne parle qu'à ma sœur.

MAGDALENA, au paradis.

Desdemona, ne trouvez-vous pas que Satanas a l'air le plus galant du monde avec son costume de

Lovelace? Son habit tourterelle, sa veste gorge de pigeon, son bas de soie bien tiré, sa bourse, son épée d'acier et son claque lui donnent une tournure coquette et triomphante qui lui va on ne peut mieux ; on le prendrait pour un marquis ou pour un faiseur de tours, tellement il a de belles manières. Comme il fait l'œil à cette petite niaise ! comme il marche sur la pointe des pieds, les coudes en dehors, le nez au vent, la bouche en cœur ! comme il se rengorge et fait la roue ! comme il ponctue chaque phrase d'un adorable petit soupir respectueusement poussé ! Il lui présente la main. Remarquez, je vous prie, comme son petit doigt est agréablement écarquillé, et son index posé de façon à faire briller un magnifique solitaire admirablement enchâssé ! Ah ! le scélérat ! ah ! l'hypocrite ! Quel comédien parfait ! Une femme ne feindrait pas plus habilement. Quel adorable monstre cela fait ! N'est-ce pas, Desdemona, le jeune lieutenant Cassio n'avait pas meilleure mine et n'était pas plus aimable ?

DESDEMONA.

Magdalena, vous êtes d'une impertinence sans égale, et, en vérité, vous vous souvenez un peu trop du vilain métier que vous avez fait. Je suis une honnête femme, moi, et je ne sais pas ce que vous voulez dire.

MAGDALENA.

Vous le savez parfaitement et c'est ce qui fait que vous vous fâchez. Quelle dame Honesta vous êtes ! on ne peut plaisanter une minute avec vous. Cassio est convenu lui-même...

OTHELLO.

Cassio ! qui parle de Cassio ? Où est-il, que je le poignarde ?

MAGDALENA.

Bon ! ne voilà-t-il pas l'autre maintenant qui nous tombe sur les bras ! Va-t-en donc à tous les diables d'enfer d'où tu viens, vieux nègre jaloux, et remporte ton coutelas, dont nous n'avons que faire.

DESDÉMONA.

Ah ! je vous en prie, Magdalena, passez-moi votre flacon de vinaigre d'Angleterre. Je suis près de m'évanouir, tellement ce vilain homme m'a fait peur !

LE BON DIEU.

Quand vous n'en aurez plus besoin, passez-le-moi, Desdemona; cette fumée d'encens qui vient de terre m'empeste et me force à me boucher le nez; c'est sans doute quelque vieux prêtre avare et sacrilége qui aura mis une pincée de colophane en poudre dans l'encensoir au lieu de myrrhe et de cinname.

VIRGO IMMACULATA.

Satanas gagnera.

MIZAEL.

Hélas!

AZAEL.

Oime!

SATANAS.

Et vous, mademoiselle, n'avez-vous pas interrogé la fleur?

BLANCHEFLOR.

Pourquoi faire? Les fleurs n'ont rien d'agréable à me répondre.

SATANAS.

Comment cela?

BLANCHEFLOR.

Je ne suis pas assez belle et charmante pour que mon sort soit écrit en lettres d'argent autour des marguerites.

SATANAS.

Il doit être écrit, non autour des simples fleurs des champs, mais autour des étoiles des cieux en rayons de diamant.

BLANCHEFLOR.

Vous croyez parler à ma sœur.

SATANAS.

Moi ! point, je vous jure.

ALIX.

Que dites-vous donc à Blancheflor, et qu'avez-vous à chuchoter comme si vous aviez peur d'être entendu?

SATANAS.

Je la félicitais sur ce bonheur qu'elle a d'être la sœur d'une aussi belle et gracieuse personne que vous êtes, et je lui marquais combien j'avais l'imagination frappée des mérites qu'on vous voit.

ALIX.

Vraiment ! c'était là ce que vous lui disiez?

SATANAS.

Ce ne sont peut-être point les termes exprès, mais c'est quelque chose comme cela. (à part.) Par tous les saints du paradis! voilà une scène qui se pose d'une façon qui n'est pas des plus neuves et qui m'a furieusement l'air de vouloir ressembler à la scène de don Juan entre les deux villageoises. Pour mon honneur de diable, j'aurais dû trouver quelque moyen plus original et ne pas faire le plagiaire comme un auteur à la mode; mais, bah! ce moyen est assez bon pour ces petites sottes; d'ailleurs, femmes et poissons se prennent au même appât depuis le commencement du monde; cent goujons viennent mordre à la même ligne, cent femmes à la même ruse; le poisson ne sort pas de la poêle pour aller conter aux autres comment il a été pris, et les femmes, qui sont pies dans toutes les autres occasions, sont poissons dans celle-là.

BLANCHEFLOR.

A quoi pensez-vous donc? vous avez l'air distrait.

SATANAS.

Je pensais à ceci : que si j'étais vous, je n'oserais sortir ainsi dans les bois sans voile.

BLANCHEFLOR.

Pourquoi?

SATANAS.

De peur que les abeilles ne prissent mes joues pour deux roses et mes lèvres pour une grenade en fleur ; vos dents ont l'air de gouttes de rosée et leur pourraient donner le change.

BLANCHEFLOR.

Oh! les abeilles ne voleront pas sur mes lèvres.

SATANAS.

Les abeilles, peut-être que non, mais bien les baisers; les baisers sont les abeilles des lèvres, ils y volent naturellement.

(Il la baise sur la bouche.)

ALIX.

Que faites-vous donc?

SATANAS.

Je montre à votre sœur comment je ferais pour vous embrasser.

(Il l'embrasse à son tour.)

ALIX, à part.

O suavité! il me semble que mon âme se fonde, et le feu de ses lèvres a passé jusqu'à mon cœur.

SATANAS.

J'aurais mille choses à vous dire; quand pourrai-je vous voir? Quel mal y aurait-il à vous aller un soir promener au jardin et vous asseoir sous la tonnelle de lilas? J'y vais quelquefois me reposer et rêver à celle que j'aimerai.

ALIX.

Il est si doux de respirer au clair de lune l'âme parfumée des fleurs!

SATANAS, à Blancheflor.

Votre sœur pense que je l'aime mieux que vous, mais elle a tort; vous êtes celle que je cherchais, et il y a déjà bien longtemps que je vous adore sans vous connaître.

BLANCHEFLOR.

C'est singulier, mais je suis avec vous comme si vous étiez un ancien ami, et, quoique ce soit la première fois que je vous voie, vous ne m'êtes pas étranger : je reconnais votre figure, votre son de voix; j'ai déjà entendu ce que vous dites. Oui, c'est bien cela, vous êtes bien lui.

SATANAS.

En effet, nous sommes de vieilles connaissances. (à part.) Voilà bientôt quelque six mille ans que je t'ai séduite; tu avais alors la figure d'Ève, moi celle du serpent. Pst, pst, c'est ainsi que je sifflais, pst.

BLANCHEFLOR.

Ah! voilà ce que je cherchais à me rappeler, le discours dont je ne savais plus que quelques mots vagues et décousus.

SATANAS.

La petite a la mémoire bonne; pour peu que je la remette encore sur la voie, elle va se ressouvenir de ce bienheureux jour où, sous les larges feuilles de l'arbre de science, je cueillis dans sa fleur la première virginité du monde et fis le plus ancien cocu dont l'histoire fasse mention. (se penchant vers Alix.) Je suis fils cadet de l'empereur de Trébizonde; j'ai six coffres pleins de diamants et d'escarboucles; je puis, si tu le veux, décrocher deux étoiles du ciel pour t'en faire des boucles d'oreilles; je te donnerai pour collier un fil de perles qui ferait le tour du

monde; je couperai un morceau du soleil pour te
faire une jupe de brocard, et la lune nous fournira
de la toile d'argent pour la doublure.

ALIX.

Oh! rien de tout cela, mais un baiser de ta
bouche.

SATANAS.

O précieuse innocence! tu n'es encore bonne
qu'à étaler consciencieusement le beurre de chaque côté de la tartine et à faire des sandwichs
pour le déjeuner. Il fallait prendre les diamants;
le baiser n'en eût pas été moins savoureux; c'est
du reste la première femme qui, depuis que j'exerce
le métier de tentateur, ait refusé des bijoux et de
l'or. L'or et la femme s'attirent comme l'ambre et
la paille.

BLANCHEFLOR.

Je t'aime tant que je voudrais être toi pour ne te
quitter jamais.

SATANAS.

Ange du ciel! perle d'amour! rougeur de la
rose! candeur du lait! ô miel et sucre! ô tout ce
qu'il y a de pastoral et de charmant au monde!

cinname, manne distillée, fleur des prairies, noisette des bois! ô vert-pomme et bleu de ciel! On ne peut pas dire deux mots de galanterie à ces diables de femmes qu'elles ne vous condamnent aux galères d'amour à perpétuité. Tu voudrais être moi, pauvre enfant! Tu ne me ressembles guère en cela, et il y a longtemps qu'il m'ennuie d'être moi. Vois-tu, on est à soi-même un terrible fâcheux, un visiteur bien indiscret et un importun d'autant plus insupportable qu'il n'y a pas moyen de le mettre à la porte. Toutes les âmes n'ont pas un aussi joli logement que la tienne, et beaucoup souhaitent par ennui ce que tu souhaites par amour.

ALIX.

Je me donnerai à toi pour l'éternité.

SATANAS, à part.

Heuh! heuh! tu rencontres plus juste que tu ne penses. Pour l'éternité! Il ne s'agit pas ici de l'éternité des amoureux, dont il en peut tenir vingt-quatre à l'année, mais d'une belle et bonne éternité du bon Dieu, sans commencement ni fin, une vieille couleuvre qui se mord allégoriquement la queue et dont personne ne connaît ni le père ni la mère.

BLANCHEFLOR.

On jouit du haut de la colline d'un point de vue délicieux ; assise au penchant de la côte, j'aime à respirer la senteur des fèves et l'odeur du feuillage. Je regarde se coucher le soleil ; je donne un baiser à la nature ; la nature sourit si doucement aux yeux pendant les mois de la jeunesse et du printemps!

SATANAS, parlant tantôt à Alix, tantôt à Blancheflor.

La nature est en effet une chose fort agréable, et je vais indubitablement devenir un de ses plus assidus adorateurs. Au coucher du soleil sur la colline; au lever de la lune dans le berceau de lilas. Mes divinités, une affaire de la plus haute importance exige que je vous quitte. Adieu, ma colombe aux yeux bleus; adieu, ma gazelle aux yeux noirs; adieu, mon idéal; adieu, ma réalité; adieu, mes infantes. Je baise vos petits pieds mignons et le bout de vos mains blanchettes. Serviteur. (*il sort.*)

BLANCHEFLOR.

Il a vraiment des dents superbes; ce sera un excellent mari.

ALIX.

Il a les ongles les mieux faits du monde. C'est un homme de grand mérite. (*Exeunt.*)

SCÈNE X.

La chambre d'Alix et de Blancheflor.

SATANAS.

Je ne connais pas de métier plus fatigant au monde que de faire semblant d'être amoureux, si ce n'est de l'être réellement ; j'aimerais autant être cheval de louage ou fille de joie. Ouf ! j'en ai la courbature ; mais les affaires sont en bon train. Le verre d'eau est presque gagné, et je crois que d'ici à peu je ne serai plus réduit à boire ma sueur salée pour me rafraîchir. Disposons toutes choses pour la réussite de nos projets. Asmodée ! Asmodée ! ici. Ah ! çà, chien de boiteux, est-ce qu'il faudra que je t'appelle trois fois ?

SCÈNE XI.

ASMODÉE.

Plaît-il, seigneur?

SATANAS.

Pourquoi tardais-tu tant à venir?

ASMODÉE.

J'étais en train de débaucher une jeune fille au profit d'un riche vieillard ; comme elle était éprise d'un grand coquin de lansquenet bête comme un buffle, mais haut de cinq pieds onze pouces et large à proportion, j'ai eu beaucoup de mal.

SATANAS.

Il n'y a rien de vertueux comme une femme qui aime un portefaix. Mais ce n'est pas de cela qu'il s'agit, et je ne t'ai point appelé pour me rendre tes comptes. Il faut que tu me souffles ici ton haleine violette, et que tu m'allumes l'air de cette chambre du plus fin feu de luxure qui se puisse trouver.

ASMODÉE.

L'air de la cellule d'une nonne ou d'un cordelier ne sera pas plus embrasé et plus aphrodisiaque : du bitume, du soufre et de l'esprit-de-vin.

SATANAS.

C'est ce qu'il faut; que tout soit en rut dans cette petite chambre virginale, jusqu'aux murailles et aux planchers; que les armoires se trémoussent, que les fauteuils se tendent les bras et tâchent de se joindre homocentriquement; que les pots se démènent pour dégager leurs anses, se prendre au col et s'embrasser à la bouche; qu'un désir plus ardent que le feu Saint-Antoine prenne au ventre quiconque dépassera le seuil de cette porte.

ASMODÉE.

Vous voyez cette petite flamme couleur de punch qui voltige çà et là; c'est la même que j'ai soufflée autrefois dans l'alcôve de Messaline. Si elle s'arrêtait une minute sur le cadavre d'une vierge morte depuis mille ans, on verrait aussitôt sa poussière s'agiter lubriquement et son ombre devenir plus

5

coquette et plus libertine que feu la reine Cléopâtre en son vivant.

MAGDALENA, au paradis.

Plus d'une Orianne enverrait, si elle l'osait, respirer cet air-là à son vertueux Amadis.

VIRGO MARIA.

Fi! que vous êtes libre en propos et que vous avez d'étranges idées, Magdalena.

SATANAS.

Voilà qui est bien. Asmodée, tu peux retourner à tes affaires; en attendant l'effet de mon stratagème, je m'en vais, pour me distraire, écorcher vives les âmes d'un pape et de trois rois qui viennent de passer de ce siècle dans l'autre, car tout ceci devient d'un fade à vomir. (*Evanescunt.*)

SCÈNE XII.

LE FAUTEUIL.

Je brûle d'amour pour toi; je te trouve si charmante sous ta robe à grandes fleurs blanches et vertes! tu as des pieds si mignons, des bras si bien tournés, un dos si souple! tu t'étales avec tant de grâce au coin de la cheminée, qu'il faut absolument que je me marie avec toi, ô ravissante bergère!

LA BERGÈRE.

Si je n'étais pas verte et si mes paupières n'étaient pas retenues par des clous dorés, je rougirais et je baisserais les yeux; car vous mettez dans tout ce que vous dites un feu si surprenant et vous me regardez d'un air si vainqueur que j'en suis toute déconcertée. Vous êtes un véritable Amilcar pour l'audace; et si je n'avais peur que vous ne soyez un Galaor pour l'inconstance, je donnerais peut-être à votre flamme un peu d'espérance pour aliment.

LE FAUTEUIL.

Laisse-moi baiser, ô mon adorable, ton petit pied à roulette de cuivre, et je serai le plus heureux fauteuil du monde.

LA BERGÈRE.

Monsieur, monsieur, lâchez ma jambe! O l'impudent fauteuil! Mais où avez-vous vu que l'on ait le pied au-dessus du genou? Scélérat! O ma mère! ma mère, oh!...

LE SILENCE.

Je ne dis rien et je fais penser beaucoup, bien différent en cela de ces auteurs qui parlent beaucoup et ne font rien penser. Je n'ai pas de langue et suis muet de naissance, et pourtant tout le monde me comprend. Aucun journaliste ne trouve rien à dire sur ma moralité, et si l'auteur de cette triomphante comédie avait eu un peu plus souvent recours à moi, il aurait conservé l'estime du *Constitutionnel* et de son portier.

UNE CARAFE.

Mon cher pot bleu du Japon, si nous ne mettons

un peu plus de retenue dans nos caresses nous allons nous casser en cent quatre-vingt-dix-neuf morceaux au moins.

LE POT.

Je crois en vérité que je suis fêlé ! Tu viens de me cogner si rudement avec une de tes facettes de cristal que j'en suis tout étourdi.

L'ARMOIRE.

A vos places, messieurs et dames ! que tout rentre dans l'ordre ; j'entends nos maîtresses monter.

SCÈNE XIII.

BLANCHEFLOR, en elle-même.

Que fait donc le soleil dans le ciel? Les poëtes ont bien tort de lui donner un char attelé de quatre chevaux; il marche aussi lentement qu'un paralytique avec ses béquilles.

ALIX, aussi en elle-même.

Ma lune chérie, soulève donc un pan de ce grand rideau bleu et montre-moi ta petite face d'argent plus claire qu'un bassin.

BLANCHEFLOR.

Au coucher du soleil, sur la colline. Qu'il est beau! que je l'aime! Je suis aussi émue à sa seule pensée que si je le voyais devant moi. Il m'épousera! Oh! que je suis heureuse!

ALIX.

Au lever de la lune! Il me semble que je ne vis que depuis une heure. Je suis née au moment où je l'ai vu; les autres années de mon existence se sont passées dans les ombres de la mort.

BLANCHEFLOR.

Je sens un trouble extraordinaire.

ALIX.

Je ne sais ce qui se passe en moi.

LA MAIN DE BLANCHEFLOR.

Croyez-vous, Blancheflor, que, belle et bien faite comme je suis, toute pleine de fossettes, les doigts si effilés, les ongles si roses, j'aie envie de rester éternellement emprisonné dans un gant? Le meilleur gant pour moi serait la main d'un jeune cavalier qui me serrerait tendrement, le plus bel anneau serait l'anneau de mariage.

LE SEIN D'ALIX.

Ce corset rigide me contraint cruellement et m'empêche de palpiter en liberté. Quand pourrai-je m'épanouir sous des lèvres chéries et me gonfler de lait dans la couche nuptiale?

LES PIEDS DE TOUTES DEUX.

C'est fort ennuyeux de porter continuellement nos maîtresses à vêpres et à la messe; nous ne voulons plus les porter qu'à des rendez-vous d'amour, à des fêtes et à des bals; nous voulons frétiller et battre la mesure, faire des entrechats et nous divertir de la belle manière.

ROSA MYSTICA.

Voici longtemps que je répands mes parfums au paradis de la virginité; sera-ce donc la main du temps qui me cueillera, ou dois-je laisser choir une à une mes feuilles flétries sur une terre stérile?

SATANAS.

En effet ce serait dommage et l'on y pourvoira.

BLANCHEFLOR.

Ma sœur, j'ai fort mal à la tête, l'air de cette chambre est brûlant, j'étouffe. Si j'allais me promener un peu, cela me ferait du bien. (à part.) Je tremble qu'elle ne me propose de m'accompagner.

ALIX.

Va, ma sœur; mais comme je me sens un peu

lasse, tu ne m'en voudras pas de te laisser aller seule. (*Exit* Blancheflor.) Je ne savais comment la renvoyer; maintenant, aiguille, accélère le pas; timbre de l'horloge, mets-toi à chanter la plus belle heure de ma vie.

SCÈNE XIV.

SATANAS.

Par la triple corne du plus sot mari qui soit d'ici à bien loin ! malgré mes ailes de chauve-souris et ma célérité bien connue, j'ai manqué arriver le dernier. Les pieds mignons d'une fille qui va au rendez-vous sont plus prompts que les ailes du grand diable lui-même, et celui qui va perdre son âme se hâte plus que celui qui va la lui gagner, à ce jeu de dés qu'on nomme amour dans le monde et luxure dans le catéchisme. Ça, prenons un air rêveur, et mettons sur notre face cuivrée un masque de mélancolie amoureuse et de galante impatience. Je la vois qui monte le revers du coteau; elle semble plutôt glisser que marcher; le désir la soutient en l'air, lui met des plumes au talon, et ne la laisse toucher le sol que du bout des orteils; sa face rayonne de béatitude, des effluves ondoyantes voltigent avec ses blonds cheveux autour de sa tête transparente; elle éclaire l'air qui l'environne, et ses yeux répercutent plutôt la lumière qu'ils ne la reflètent. Comme elle court joyeusement à sa damnation! Pas une hésitation, pas un regret; et pourtant, dans ses idées, ce qu'elle va faire est le plus impardonnable des fautes. Mais elle aime; elle est si heureuse de se perdre, de montrer à son amant qu'elle renonce pour lui à sa couronne d'étoiles comme à sa couronne d'oranger! Bien peu d'âmes comprennent ce plaisir ineffable et profond de se fermer les portes du monde et les portes du ciel pour se cloîtrer à tout jamais dans l'amour de la personne aimée. Cette âme qui va être à moi tout à l'heure est une de ces âmes. En vérité, pour son premier amour, elle méritait de rencontrer mieux, et j'ai presque regret de prendre celle qui se donne si franchement, si noblement, sans arrière-pensée, sans précaution. Elle ne m'a pas même demandé mon nom, elle ne veut savoir de moi que mon amour. D'honneur! si je pouvais faire usage des sacrements je l'épouserais très volontiers, car c'est une brave fille.

BLANCHEFLOR.

Vous m'attendiez; il n'est cependant pas l'heure, et il me semblait comme à vous qu'il était plus que l'heure. O cher cœur! vous m'attendiez.

SATANAS.

Je vous attends depuis l'éternité, et, si tôt que vous veniez, je vous attends toujours.

BLANCHEFLOR.

Vous dites là ce que j'ai pensé en vous voyant pour la première fois; j'ai pensé que vous aviez bien tardé à venir.

SATANAS.

C'est que nous étions faits l'un pour l'autre; c'est que nos âmes sont jumelles et accourraient d'un bout du monde à l'autre pour s'embrasser et se confondre. Nos âmes sont comme deux gouttes de pluie qui glissent le long de la même feuille de rose, et qui, après avoir cheminé quelque temps côte à côte, se touchent d'abord par un point, puis entremêlent leur cristal fraternel et finissent par ne former qu'une seule et même larme.

BLANCHEFLOR.

Ma goutte d'eau est une larme de joie.

SATANAS.

La mienne est une larme bien amère; aucun œil mortel ne pourrait en pleurer une semblable sans devenir aveugle. Il n'y a que moi qui aie pu la pleurer et ne pas en mourir.

BLANCHEFLOR.

Oh! laisse-moi la boire.

SATANAS.

Le jus laiteux de l'euphorbe, le sang noir du pavot, l'eau qui dissout tous les vases excepté les vases de corne, le venin de l'aspic et de la vipère ont un poison moins subtil et moins prompt.

BLANCHEFLOR.

On dit qu'il y a des bouches qui sucent sans danger la morsure des serpents et la guérissent; est-ce que l'amour ne pourrait guérir d'un baiser les morsures de la douleur sans en prendre le venin?

SATANAS.

Essayons.

BLANCHEFLOR.

Sur tes yeux et ta bouche.

SATANAS.

Sur ton sein.

BLANCHEFLOR.

Pas ici; plus tard. Oh! je t'en prie, ne vas pas croire au moins que je veuille t'éviter ; j'irais jusqu'à toucher l'horizon du bout du doigt pour me donner à toi tout entière et sans réserve. Je ne suis pas de ces femmes qui s'économisent et se détaillent, qui donnent un jour une main à baiser, l'autre jour le front ou le bas de leur robe, pour faire durer plus longtemps l'amour par le désir. Je ne suis pas comme ces buveurs qui ont un flacon d'une liqueur précieuse et qui n'en boivent qu'une larme tous les jours ; je vide la coupe d'un seul coup et je me donne en une fois. Quand tu devrais m'abandonner au bout d'une heure, je serais satisfaite; je serais sûre au moins que tu m'aurais aimée cette heure-là, et qui peut dire qu'il ait été véritablement aimé une heure pendant sa vie? C'est le dernier caprice de ma virginité expirante; c'est la première chose que je te demande, accorde-la-moi, je veux encore revoir une dernière fois la petite chambre où j'ai passé tant d'années pures et limpides; je veux jeter encore un regard sur ma vie de jeune fille. Et puis j'ai sur ma fenêtre dans une cage, une petite colombe sauvage qui ne fait que gémir la nuit et la journée; je voudrais lui donner sa volée avant de partir avec toi pour ne plus revenir.

SATANAS.

Et ta sœur, comment l'écarter ?

BLANCHEFLOR.

Je n'y pensais plus; je ne pense qu'à toi maintenant; tu es le seul être qui existe au monde à mes yeux, et tu fais un désert autour de toi.

SATANAS.

Prends cette fiole, verse une goutte de la liqueur qu'elle contient dans le verre de ta sœur; le tonnerre du ciel et le canon de la terre gronderaient à son oreille, elle ne se réveillerait pas. (a part.) C'est moi qui l'irai réveiller.

BLANCHEFLOR.

Il n'y a pas de danger pour elle ?

SATANAS.

Non; aussitôt que la nuit noire aura jeté ses

épaisses fourrures sur ses épaules, je serai sous la fenêtre avec deux chevaux; je frapperai trois coups et tu viendras.

BLANCHEFLOR.

Adieu, je te laisse mon âme. (*Exit* Blancheflor.)

SCÈNE XV.

SATANAS.

Voici une jeune créature qui s'exprime avec beaucoup de facilité et qui n'est point tant sotte que je l'aurais cru ; tudieu ! comme elle parlait d'abondance, et les beaux yeux qu'elle avait ! Si je n'étais le diable, c'est-à-dire un personnage assez peu érotique, je croirais en vérité que je joue au naturel le rôle d'amoureux, car je me suis senti au fond de moi, deux ou trois petits mouvements qui pourraient bien être de la concupiscence ou de l'amour pour parler un langage plus harmonieux et plus honnête. Mais à propos de l'autre, je lui ai donné rendez-vous au lever de la lune, sans songer qu'il n'y avait pas de lune aujourd'hui.

LE BON DIEU.

Satanas, vous avez des griffes aux doigts, mais

vous mériteriez d'y avoir des membranes car vous êtes bête comme une oie. Qu'allez-vous faire? vous improviserez-vous une lune avec un transparent de papier huilé et un quinquet derrière, comme on fait à l'Opéra? car il vous faut une lune.

SATANAS.

C'est une distraction un peu forte que j'ai eue là; c'est le propre des grands génies d'être distraits. Vous-même avez commis une bien plus étrange distraction lorsqu'en créant la femme vous avez cru faire la femelle de l'homme. Ma bévue n'est pas d'ailleurs fort considérable; la chère demoiselle, le ciel fût-il noir comme la voûte d'un four ou l'âme d'un procureur, elle y verra la lune, le soleil, toutes les planètes avec leurs satellites, car il n'y a pas d'éclipse pour l'étoile d'amour. Cependant je serais bien aise que le soleil eût la complaisance de s'enfariner la physionomie pour ce soir seulement et de doubler sa sœur puisqu'elle est indisposée.

LE BON DIEU.

Diable! nous ne sommes pas en carnaval pour qu'on se déguise ainsi; je ne puis déranger mon soleil comme cela : je ne l'ai fait qu'une fois en faveur de Josué ; mais je m'en vais, pour te montrer que je suis un ennemi généreux, créer tout exprès un météore de la couleur et de la forme de la lune ; car je veux voir la fin de cette comédie, et je ne veux pas faire manquer le dénouement pour si peu.

(Paraît un météore.)

SATANAS.

Je ne sais comment vous remercier de votre obligeance, mais si vous avez jamais de l'amour pour quelqu'un, je vous promets de ne pas le tenter.

SCÈNE XVI.

L'AUTEUR.

Je vous avouerai que voici déjà bien longtemps que je fais parler les autres et que je serais fort aise de trouver jour à placer convenablement mon petit mot. Cette comédie est universelle: elle embrasse le ciel et la terre; chaque partie de la création y joue son rôle, depuis l'étoile jusqu'à la pierre, depuis l'ange jusqu'au lapin. La cloche y a une langue, les bêtes y parlent comme des personnes et les personnes comme des bêtes; il n'y a que moi qui n'ai rien dit. Je ne vois pas pourquoi; car, si humble que je sois, je pense que je puis me mêler à la conversation, ô cher lecteur! et que tu n'auras aucune répugnance à échanger une idée ou deux avec un honnête garçon. Je te confierai donc que je suis fort embarrassé pour le moment, et que je suis entré dans un cul-de-sac dont je ne puis sortir. Ce drame quoique certainement un des plus beaux qui aient jamais serpenté à travers les circonvolutions d'une cervelle humaine renferme cependant un défaut essentiel, c'est que l'action, si action il y a, est double sans être différente. Je n'aurais dû mettre qu'une jeune fille au lieu de deux; je me serais évité un tas d'imbroglios plus inextricables les uns que les autres, et une foule d'aparté et d'indications en lettres italiques qui dérangent singulièrement l'économie et la symétrie de l'impression. Mais j'ai cru naïvement que si une faisait bien, deux feraient deux fois bien; j'espérais des effets très agréables à cause du contraste; je m'étais promis de faire un portrait circonstancié des deux créatures; je n'aurais pas omis le plus léger duvet, le signe le plus imperceptible; l'une aurait été blonde et l'autre brune, ce qui me paraissait une observation de caractère assez profonde pour intéresser vivement. Mais je n'ai pas trouvé le moyen d'enchâsser dans mon drame les deux descriptions que j'avais faites d'avance d'après le vif sur deux belles personnes que je connais et dont je voudrais bien faire autre chose que des descriptions en prose poétique. On vient de voir une scène d'amour entre Satan et Blancheflor ; pour continuer cette action bicéphale, il faut qu'il arrive maintenant une scène d'amour entre Alix et Satan ; ces deux fils d'intrigues tordus ensemble sont comme deux spirales qui montent en sens inverse dans le même diamètre et qui se rencontrent forcément à de certains endroits. Je n'y puis rien ; cela me prouve seulement que l'on doit préférer pour soutenir son édifice la colonne droite à la colonne torse, et assurément le premier drame que je ferai sera mixtionné selon la recette d'Aristote et aucune des unités n'y sera violée. Maintenant, ô lecteur ! je réclame ton indulgence pour la scène qui va suivre, et si tu trouves qu'elle a beaucoup de ressemblance avec l'autre, ne t'en prends qu'à l'amour et non pas à moi. L'amour est extrêmement monotone de sa nature et ne sait conjuguer qu'un seul verbe, qui est le verbe *amo*, j'aime, ce qui n'est pas très récréatif pour ceux qui écoutent. Mais qu'y faire ?

SCÈNE XVII.

SATANAS, dans le jardin.

Elle ne vient pas! Est-ce qu'il lui serait survenu des scrupules? Tous les jours la chose arrive; elle arrive aussi la nuit, quoique plus rarement. Cela commence à m'inquiéter. Perdrai-je mon pari? Je n'ai plus que deux heures devant moi, et, réellement, c'est peu, tout diable que je suis. Il faut quelquefois des mois entiers à ces virginités-là. Est-ce que Blancheflor aurait eu déjà le temps de lui verser le philtre? je ne le pense pas. Cela ne ferait pas mon compte. Mais j'entends son pas, plus léger que le pas d'un oiseau; je sens son odeur, plus douce que l'odeur des violettes. Alix, j'avais peur que vous ne vinssiez pas.

ALIX.

Je suis toute tremblante. Personne ne m'a vue?

SATANAS.

Personne. Il n'y a maintenant que les étoiles qui aient les yeux ouverts.

ALIX.

C'est la première fois que je sors la nuit. Qu'est-ce qui vient de remuer derrière nous?

SATANAS.

C'est le vent qui lutine quelque feuille, ou un sylphe qui revient se coucher au cœur de sa rose.

ALIX.

Pardonnez mes folles terreurs; je ne devrais craindre que de ne pas être aimée de toi.

SATANAS.

Si tu n'as que cela à craindre, tu peux être plus brave qu'Alexandre ou César.

ALIX.

Vous m'aimez donc?

SATANAS.

Si je t'aime!

ALIX.

Vous le dites; je voudrais le croire et je ne le crois pas.

SATANAS.

Hélas! vous ne m'aimez donc pas, puisque vous ne croyez pas ce que je vous dis?

ALIX.

Je vous aime; le croyez-vous?

SATANAS.

Comme je crois à moi-même. Aie foi en moi comme j'ai foi en toi.

ALIX.

Je ne puis. Quelque chose me crie au fond du cœur que je me perds, que tu n'es pas ce que tu parais être; que tes paroles mentent à tes pensées. Je vois bien briller dans tes yeux une flamme surnaturelle, mais ce n'est pas le feu divin, ce n'est pas le feu de l'amour. Ce n'était pas ce regard que j'avais mis dans les yeux du bien-aimé que je rêvais, et pourtant il me plaît bien mieux. Je sens qu'en marchant vers toi je marche vers un précipice, et je ne puis m'arrêter, et je ne le voudrais pas. Qui es-tu donc, pour avoir une telle puissance?

SATANAS.

Quelqu'un de bien malheureux!

ALIX.

Qui es-tu donc, pour te dire malheureux étant sûr d'être aimé?

SATANAS.

Je ne te dirai ni qui je suis ni quel est mon malheur; aucune langue humaine ne pourrait donner une idée de ce que je souffre, aucune oreille ne doit entendre mon nom. Qu'il te suffise de savoir que jamais femme n'a été aimée par un homme comme tu l'es par moi. (à part.) Je commence vraiment à penser ce que je dis. O beauté! ton effet est aussi puissant sur les diables que sur les anges.

ALIX.

Oh! bien comme cela! Ta voix est bien la voix des paroles que tu dis; je te crois maintenant. Il y a dans ta personne quelque chose de fatal que je ne puis définir, qui m'effraie et me charme. On lit sur ton front un malheur irréparable; tu es de ceux qui ne se consolent pas, et je donnerais ma vie pour te consoler. Je voudrais être plus belle que je ne suis. Je voudrais être un ange, car il me semble que ce n'est pas assez pour toi d'être simple fille des hommes.

VIRGO IMMACULATA, au paradis.

Satanas s'attendrit visiblement; il vient de poser sur le front de cette jeune fille un baiser aussi chaste que s'il était sorti du collége depuis quinze jours.

SATANAS.

O délicieux ressouvenir des voluptés du ciel !

LE BON DIEU.

Je vois d'ici se former dans le coin de son œil une perle qui vaut mieux que celle de Cléopâtre. Azraël, rendez grâce au hasard de ce que Satanas soit d'humeur platonique aujourd'hui. Prenez la coupe de diamant et descendez vite recueillir cette précieuse larme; elle tremble au bout de ses cils et va bientôt se détacher.

ALIX.

Je t'adore ! je suis à toi !

L'HORLOGE DE L'ÉTERNITÉ.

Un, deux, trois.

AZRAEL.

J'arrive à temps; la perle allait tomber.

L'HORLOGE DE L'ÉTERNITÉ.

Quatre, cinq, six.

SATANAS.

C'est l'heure!... Voilà Azraël. J'ai perdu!

ALIX.

Quoi donc? Quelle est cette apparition?

AZRAEL.

Je suis ton ange gardien. Celui-là, c'est le diable!
(Alix s'évanouit.)

L'HORLOGE DE L'ÉTERNITÉ.

Minuit!... Elle est sauvée!

LE BON DIEU.

Satanas, vous avez été autrefois le plus beau de mes anges et celui que j'aimais le mieux; tout déchu que vous êtes, vous conservez encore quelques vestiges de ce que vous avez été, et vous n'êtes pas totalement méchant. Cette larme que j'ai fait recueillir dans une coupe de diamant sera pour vous un breuvage précieux dont l'intarissable fraîcheur vous empêchera de sentir les flammes dévorantes de l'enfer; elle vous vaudra mieux que le verre d'eau que vous demandiez. Félicitez-vous d'avoir perdu. Vous, Azraël et Mizaël, allez retirer du monde les deux âmes que vous aimez et les épousez sur-le-champ, de peur qu'il n'arrive malheur; car Satanas est un séducteur très habile, et il ne sera peut être pas toujours aussi bon diable que cette fois-ci.

SATANAS.

Si je pouvais lui demander pardon de ma révolte! Oh! non, jamais! (*Exit.*)

MAGDALENA.

Pauvre Satanas! il me fait vraiment pitié. Est-ce que vous ne le laisserez pas revenir dans le ciel?

LE BON DIEU.

L'arrêt est irrévocable. Je ne puis pas me parjurer comme un roi de la terre.

VIRGO MARIA.

Il a tant souffert!

MAGDALENA.

Laissez-vous fléchir. Vous qui êtes si bon, comment pouvez-vous supporter cette idée, qu'il y ait quelqu'un d'éternellement malheureux par votre volonté?

LE BON DIEU.

Dans quelque cent mille ans d'ici nous verrons.

LA CHAINE D'OR,

ou

L'AMANT PARTAGÉ.

LA CHAINE D'OR,

ou

L'AMANT PARTAGÉ.

—◆—

Plangon la Milésienne fut en son temps une des femmes les plus à la mode d'Athènes. Il n'était bruit que d'elle dans la ville; pontifes, archontes, généraux, satrapes, petits-maîtres, jeunes patriciens, fils de famille, tout le monde en raffolait. Sa beauté, semblable à celle d'Hélène aimée de Pâris, excitait l'admiration et les désirs des vieillards moroses et regretteurs du temps passé. En effet, rien n'était plus beau que Plangon, et je ne sais pourquoi Vénus, qui fut jalouse de Psyché, ne l'a pas été de notre Milésienne. Peut-être les nombreuses couronnes de roses et de tilleul, les sacrifices de colombes et de moineaux, les libations de vin de Crète offerts par Plangon à la coquette déesse ont-ils détourné son courroux et suspendu sa vengeance; toujours est-il que personne n'eut de plus heureuses amours que Plangon la Milésienne, surnommée Pasiphile.

Le ciseau de Cléomène ou le pinceau d'Apelles, fils d'Euphranor, pourraient seuls donner une idée de l'exquise perfection des formes de Plangon. Qui dira la belle ligne ovale de son visage, son front bas et poli comme l'ivoire, son nez droit, sa bouche ronde et petite, son menton bombé, ses joues aux pommettes aplaties, ses yeux aux coins allongés qui brillaient comme deux astres jumeaux entre deux étroites paupières, sous un sourcil délicatement effilé à ses pointes? A quoi comparer les ondes crespelées de ses cheveux, si ce n'est à l'or, roi des métaux, et au soleil, à l'heure où le poitrail de ses coursiers plonge déjà dans l'humide litière de l'Océan? Quelle mortelle eut jamais des pieds aussi parfaits? Thétis elle-même, à qui le vieux Mélésigène a donné l'épithète des pieds d'argent, ne pourrait soutenir la comparaison pour la petitesse et la blancheur. Ses bras étaient ronds et purs comme ceux d'Hébé, la déesse aux bras de neige; la coupe dans laquelle Hébé sert l'ambroisie aux dieux avait servi de moule pour sa gorge, et les mains si vantées de l'Aurore ressemblaient, à côté des siennes, aux mains de quelque esclave employée à des travaux pénibles.

Après cette description vous ne serez pas surpris que le seuil de Plangon fût plus adoré qu'un autel de la grande déesse; toutes les nuits des amants plaintifs venaient huiler les jambages de la porte et le degré de marbre avec les essences et les parfums les plus précieux; ce n'étaient que guirlandes et couronnes tressées de bandelettes; rouleaux de papyrus et tablettes de cire avec des distiques, des élégies et des épigrammes. Il fallait tous les matins déblayer la porte pour l'ouvrir, comme l'on fait aux régions de la Scythie, quand la neige tombée la nuit a obstrué le seuil des maisons.

Plangon, dans toute cette foule, prenait les plus riches et les plus beaux, les plus beaux de préférence. Une archonte durait huit jours, un grand-pontife quinze jours; il fallait être roi, satrape ou tyran pour aller jusqu'au bout du mois. Leur fortune bue, elle les faisait jeter dehors par les épaules, aussi dénués et mal en point que des philosophes cyniques; car Plangon, nous avons oublié de le dire, n'était ni une noble et chaste matrone, ni une jeune vierge dansant la bibase aux fêtes de Diane, mais tout simplement une esclave affranchie exerçant le métier d'*hétaïre*.

Depuis quelque temps Plangon paraissait moins dans les théories, les fêtes publiques et les promenades. Elle ne se livrait pas à la ruine des satrapes avec le même acharnement, et les dariques de Pharnabaze, d'Artaban et de Tysapherne s'étonnaient de rester dans les coffres de leurs maitres. Plangon ne sortait plus que pour aller au bain, en litière fermée, soigneusement voilée, comme une honnête femme; Plangon n'allait plus souper chez les jeunes débauchés et chanter des hymnes à Bacchus, le père de Joie, en s'accompagnant sur la lyre. Elle avait récemment refusé une invitation d'Alcibiade. L'alarme se répandait parmi les merveilleux d'Athènes. Quoi! Plangon, la belle Plangon, notre amour, notre idole, la reine des orgies; Plangon qui danse si bien au son des crotales, et qui tord ses flancs lascifs avec tant de grâce et de volupté sous le feu des lampes de fête; Plangon, au sourire étincelant, à la répartie brusque et mordante; l'œil, la fleur, la perle des bonnes filles; Plangon de Milet, Plangon se range, n'a plus que trois amants à la fois, reste chez elle et devient vertueuse comme une femme laide. Par Hercule! c'est étrange, et voilà qui déroute toutes les conjectures. Qui donnera le ton? qui décidera de la mode? Dieux immortels! qui pourra jamais remplacer Plangon la jeune, Plangon la folle, Plangon la charmante?

Les beaux seigneurs d'Athènes se disaient cela en se promenant le long des Propylées, ou accoudés nonchalamment sur la balustrade de marbre de l'Acropole.

« Ce qui vous étonne, mes beaux seigneurs athéniens, mes précieux satrapes à la barbe frisée, est une chose toute simple; c'est que vous ennuyez Plangon, qui vous amuse; elle est lasse de vous donner de l'amour et de la joie pour de l'or; elle perd trop au marché; Plangon ne veut plus de vous. Quand vous lui apporteriez les dariques et les talents à pleins boisseaux, sa porte serait sourde à vos supplications. Alcibiade, Axiochus, Callimaque, les plus élégants, les plus renommés de la ville n'y feraient que blanchir. Si vous voulez des courtisanes, allez chez Archenassa, chez Flore ou chez Lamie. Plangon n'est plus une courtisane; elle est amoureuse.

— Amoureuse! mais de qui? nous le saurions; nous sommes toujours informés huit jours d'avance de l'état du cœur de ces dames. N'avons-nous pas la tête sur tous les oreillers, les coudes sur toutes les tables?

— Mes chers seigneurs, ce n'est aucun de vous qu'elle aime, soyez-en sûrs; elle vous connaît trop pour cela. Ce n'est pas vous, Cléon le dissipateur; elle sait bien que vous n'avez de goût que pour les chiens de Laconie, les parasites, les joueurs de flûte, les eunuques, les nains et les perroquets des Indes; ni vous, Hipparque, qui ne savez parler d'autre chose que de votre quadrige de chevaux blancs et des prix remportés par vos cochers aux jeux olympiques; Plangon se plaît fort peu à tous ces détails d'écurie qui vous charment si fort. Ce n'est pas vous non plus, Thrasylle l'efféminé; la peinture dont vous vous teignez les sourcils, le fard qui vous plâtre les joues, l'huile et les essences dont vous vous inondez impitoyablement, tous ces onguents, toutes ces pommades qui font douter si votre figure est un ulcère ou une face humaine, ravissent médiocrement Plangon; elle n'est guère sensible à tous vos raffinements d'élégance, et c'est en vain que pour lui plaire vous semez votre barbe blonde de poudre d'or et de paillettes, que vous laissez démesurément pousser vos ongles, et que vous faites traîner jusqu'à terre les manches de votre robe à la persique. Ce n'est pas Timandre le patrice, à tournure de portefaix, ni Glaucion l'imbécile qui ont ravi le cœur de Plangon. »

Aimables représentants de l'élégance et de l'atticisme d'Athènes, jeunes victorieux, charmants triomphateurs; je vous le jure, jamais vous n'avez été aimés de Plangon, et je vous certifie en outre que son amant n'est pas un athlète, un nain bossu, un philosophe ou un nègre, comme veut l'insinuer Axiochus.

Je comprends qu'il est douloureux de voir la plus belle fille d'Athènes vivre dans la retraite comme une vierge qui se prépare à l'initiation des mystères d'Eleusis, et qu'il est ennuyeux pour vous de ne plus aller dans cette maison, où vous passiez le temps d'une manière si agréable en jouant aux dez, aux osselets, en pariant l'un contre l'autre vos singes, vos maîtresses et vos maisons de campagne, vos grammairiens et vos poëtes. Il était charmant de voir danser les sveltes Africaines avec leurs grêles cymbales, d'entendre un jeune esclave jouant de la flûte à deux tuyaux sur le mode ionien, couronnés de lierre, renversés mollement sur des lits à pieds d'ivoire, tout en buvant à petits coups du vin de Chypre rafraîchi dans la neige de l'Hymette.

Il plaît à Plangon la Milésienne de n'être plus une femme à la mode, elle a résolu de vivre un peu pour son compte; elle veut être gaie ou triste, debout ou couchée selon sa fantaisie. Elle ne vous a que trop donné de sa vie. Si elle pouvait vous reprendre les sourires, les bons mots, les œillades, les baisers qu'elle vous a prodigués, l'insouciante hétaïre, elle le ferait ; l'éclat de ses yeux, la blancheur de ses épaules, la rondeur de ses bras, ce sujet ordinaire de vos conversations, que ne donnerait-elle pas pour en effacer le souvenir de votre mémoire ! comme ardemment elle a désiré vous être inconnue, qu'elle a envié le sort de ces pauvres filles obscures qui fleurissent timidement à l'ombre de leurs mères ! Plaignez-la, c'est son premier amour. Dès ce jour-là elle a compris la virginité et la pudeur.

Elle a renvoyé Pharnabaze, le grand satrape, quoiqu'elle ne lui eût encore dévoré qu'une province, et refusé tout net Clearchus, un beau jeune homme qui venait d'hériter.

Toute la fashion athénienne est révoltée de cette vertu ignoble et monstrueuse. Axiochus demande ce que vont devenir les fils de famille et comment s'y prendront-ils pour se ruiner ; Alcibiade veut mettre le feu à la maison et enlever Plangon de vive force au dragon égoïste qui la garde pour lui seul, prétention exorbitante; Cléon appelle la colère de Vénus Pandemos sur son infidèle prêtresse; Thrasylle est si désespéré qu'il ne se fait plus friser que deux fois par jour.

L'amant de Plangon est un jeune enfant si beau qu'on le prendrait pour Hyacinthe, l'ami d'Apollon : une grâce divine accompagne tous ses mouvements, comme le son d'une lyre; ses cheveux noirs et bouclés roulent en ondes luisantes sur ses épaules lustrées et blanches comme le marbre de Paros, et pendent au long de sa charmante figure, pareils à des grappes de raisins mûrs; une robe du plus fin lin s'arrange autour de sa taille en plis souples et légers; des bandelettes blanches, tramées de fil d'or, montent en se croisant autour de ses jambes rondes et polies, si belles, que Diane, la svelte chasseresse, les eût jalousées; le pouce de son pied, légèrement écarté des autres doigts, rappelle les pieds d'ivoire des dieux, qui n'ont jamais foulé que l'azur du ciel ou la laine floconneuse des nuages.

Il est accoudé sur le dos du fauteuil de Plangon. Plangon est à sa toilette; des esclaves mauresques passent dans sa chevelure des peignes de buis finement denticulés, tandis que de jeunes enfants agenouillés lui polissent les talons avec de la pierre ponce, et brillantent ses ongles en les frottant à la dent de loup ; une draperie de laine blanche, jetée négligemment sur son beau corps, boit les dernières perles que la nayade du bain a laissées suspendues à ses bras. Des boîtes d'or, des coupes et des fioles d'argent ciselées par Callimaque et Myron, posées sur des tables de porphyre africain, contiennent tous les ustensiles nécessaires à sa toilette : les odeurs, les essences, les pommades, les fers à friser, les épingles, les poudres à épiler et les petits ciseaux d'or. Au milieu de la salle, un dauphin de bronze, chevauché par un cupidon, souffle à travers ses narines barbelées deux jets, l'un d'eau froide, l'autre d'eau chaude, dans deux bassins d'albâtre oriental, où les femmes de service vont alternativement tremper leurs blondes éponges. Par les fenêtres, dont un léger zéphir fait voltiger les rideaux de pourpre, on aperçoit un ciel d'un bleu lapis, et les cimes des grands lauriers roses qui sont plantés au pied de la muraille.

Plangon, malgré les observations timides de ses femmes, au risque de renverser de fond en comble l'édifice déjà avancé de sa coiffure, se détourne de temps en temps et se penche en arrière pour embrasser l'enfant. C'est un groupe d'une grâce adorable, et qui appelle le ciseau du sculpteur.

Hélas! hélas! Plangon la belle, votre bonheur ne doit pas durer; vous croyez donc que vos amies Archenassa, Thaïs, Flora et les autres souffriront que vous soyez heureuse en dépit d'elles? Vous vous trompez, Plangon; cet enfant que vous voudriez dérober à tous les regards et que vous tenez prisonnier dans votre amour, on fera tous les efforts possibles pour vous l'enlever. Par le Styx! c'est insolent à vous, Plangon, d'avoir voulu être heureuse à votre manière et de donner à la ville le scandale d'une passion vraie.

Un esclave soulevant une portière de tapisserie s'avance timidement vers Plangon et lui chuchote à l'oreille que Lamie et Archenassa viennent lui rendre visite, et qu'il ne les précède que de quelques pas.

« Va-t-en, ami, dit Plangon à l'enfant, je ne veux pas que ces femmes te voient ; je ne veux pas qu'on me vole rien de ta beauté, même la vue ; je souffre horriblement quand une femme te regarde. »

L'enfant obéit ; mais cependant il ne se retira pas si vite que Lamie, qui entrait au même moment avec Archenassa, lançant de côté son coup d'œil venimeux, n'eût le temps de le voir et de le reconnaître.

« Eh ! bonjour, ma belle colombe ; et cette chère santé, comment la menons-nous ? Mais vous avez l'air parfaitement bien portante ; qui donc disait que vous aviez fait une maladie qui vous avait défigurée, et que vous n'osiez plus sortir tant vous étiez devenue laide, dit Lamie en embrassant Plangon avec des démonstrations de joie exagérée.

— C'est Thrasylle qui a dit cela, fit Archenassa, et je vous engage à le punir en le rendant encore plus amoureux de vous qu'il ne l'est, et en ne lui accordant jamais la moindre faveur. Mais que vais-je vous dire ? vous vivez dans la solitude comme un sage qui cherche le système du monde. Vous ne vous souciez plus des choses de la terre.

—Qui aurait dit que Plangon devînt jamais philosophe !

—Oh ! oh ! cela ne nous empêche guère de sacrifier à l'Amour et aux Grâces. Notre philosophie n'a pas de barbe, n'est-ce pas, Plangon ? et je viens de l'apercevoir qui se dérobait par cette porte sous la forme d'un joli garçon. C'était, si je ne me trompe, Ctésias de Colophon. Tu sais ce que je veux dire, Lamie, l'amant de Bacchide de Samos. »

Plangon changea de couleur, s'appuya sur le dos de sa chaise d'ivoire et s'évanouit.

Les deux amies se retirèrent en riant, satisfaites d'avoir laissé tomber dans le bonheur de Plangon un caillou qui en troublait pour longtemps la claire surface.

Aux cris de femmes éplorées et qui se hâtaient autour de leur maîtresse, Ctésias rentra dans la chambre, et son étonnement fut grand de trouver évanouie une femme qu'il venait de laisser souriante et joyeuse ; il baigna ses tempes d'eau froide, lui frappa dans la paume des mains, lui brûla sous le nez une plume de faisan, et parvint enfin à lui faire ouvrir les yeux. Mais aussitôt qu'elle l'aperçut, elle s'écria avec un geste de dégoût :

« Va-t-en, misérable, va-t-en, et que je ne te revoie jamais ! »

Ctésias, surpris au dernier point de si dures paroles, et ne sachant à quoi les attribuer, se jeta à ses pieds, et, tenant ses genoux embrassés, lui demanda en quoi il avait pu lui déplaire.

Plangon, dont le visage de pâle était devenu pourpre, et dont les lèvres tremblaient de colère, se dégagea de l'étreinte passionnée de son amant, et lui répéta la cruelle injonction.

Voyant que Ctésias, abîmé dans sa douleur, ne changeait pas de posture et restait affaissé sur ses genoux, elle fit approcher deux esclaves scythes, colosses à cheveux roux et à prunelles glauques, et avec un geste impérieux : « Jetez-moi, dit-elle, cet homme à la porte. »

Les deux géants soulevèrent l'enfant sur leurs bras velus comme si c'eût été une plume, le portèrent par des couloirs obscurs jusqu'à l'enceinte extérieure, puis ils le posèrent délicatement sur ses pieds ; et quand Ctésias se retourna, il se trouva nez à nez avec une belle porte de cèdre semée de clous d'airain, fort proprement taillés en pointe de diamant, et disposés de manière à former des symétries et des dessins.

L'étonnement de Ctésias avait fait place à la rage la plus violente; il se lança contre la porte comme un fou ou comme une bête fauve; mais il aurait fallu un bélier pour l'enfoncer, et sa blanche et délicate épaule, que faisait rougir un baiser de femme un peu trop ardemment appliqué, fut bien vite meurtrie par les clous à six facettes et la dureté du cèdre; et force lui fut de renoncer à sa tentative.

La conduite de Plangon lui paraissait monstrueuse et l'avait exaspéré au point qu'il poussait des rugissements comme une panthère blessée, et s'arrachait avec ses mains meurtries de grandes poignées de cheveux. Pleurez, Cupidon et Vénus!

Enfin, dans le dernier paroxysme de la rage, il ramassa des cailloux et les jeta contre la maison de l'hétaïre, les dirigeant surtout vers les ouvertures des fenêtres, en promettant en lui-même cent vaches noires aux dieux infernaux si l'une de ces pierres rencontrait la tempe de Plangon.

Antéros avait traversé d'outre en outre son cœur avec une de ses flèches de plomb, et il haïssait plus que la mort celle qu'il avait tant aimée. Effet ordinaire de l'injustice dans les cœurs généreux.

Cependant, voyant que la maison restait impassible et muette, et que les passants, étonnés de ces extravagances, commençaient à s'attrouper autour de lui, à lui tirer la langue et lui faire les oreilles de lièvre, il s'éloigna à pas lents et se fut loger dans une petite chambrette, à peu de distance du palais de Plangon.

Il se jeta sur un mauvais grabat composé d'un matelas fort mince et d'une méchante couverture, et se mit à pleurer amèrement.

Mille résolutions plus déraisonnables les unes que les autres lui passèrent par la cervelle; il voulait attendre Plangon au passage et la frapper de son poignard; un instant il eut l'idée de retourner à Colophon, d'armer ses esclaves et de l'enlever de vive force après avoir mis le feu à son palais.

Après une nuit d'agitations passée sans que Morphée, ce pâle frère de la mort, fût venu toucher ses paupières du bout de son caducée, il reconnut ceci, à savoir qu'il était plus amoureux que jamais de Plangon, et qu'il lui était impossible de vivre sans elle. Il avait beau s'interroger en tous sens, avec les délicatesses et les scrupules de la conscience la plus timorée, il ne se trouvait pas en faute et ne savait quoi se reprocher qui excusât la conduite de Plangon.

Depuis le jour où il l'avait connue, il était resté attaché à ses pas comme une ombre, n'avait été ni au bain, ni au gymnase, ni à la chasse, ni aux orgies nocturnes avec les jeunes gens de son âge; ses yeux ne s'étaient pas arrêtés sur une femme, il n'avait vécu que pour son amour. Jamais vierge pure et sans tache n'avait été adorée comme Plangon l'hétaïre. A quoi donc attribuer ce revirement subit, ce changement si complet, opéré en si peu de temps? Venait-il de quelque perfidie d'Archenassa et de Lamie, ou du simple caprice de Plangon? Que pouvait donc lui avoir dit ces femmes pour que l'amour le plus tendre se tournât en haine et en dégoût sans cause apparente? L'enfant se perdait dans un dédale de conjectures, et n'aboutissait à rien de satisfaisant. Mais dans tout ce chaos de pensées, au bout de tous ces carrefours et de ces chemins sans issues s'élevait, comme une morne et pâle statue, cette idée : Il faut que Plangon me rende son amour ou que je me tue.

Plangon de son côté n'était pas moins malheureuse; l'intérêt de sa vie était détruit; avec Ctésias son âme s'en était allée, elle avait éteint le soleil de son ciel; tout autour d'elle lui semblait mort et obscur. Elle s'était informée de Bacchide, et elle avait appris que Ctésias l'avait aimée, éperdument aimée, pendant l'année qu'il était resté à Samos.

Elle croyait être la première aimée de Ctésias et avoir été son initiatrice aux doux mystères. Ce qui l'avait charmée dans cet enfant, c'était son innocence et sa pureté; elle retrouvait en lui la virginale candeur qu'elle n'avait plus. Il était pour elle quelque chose de séparé, de chaste et de saint, un autel inconnu où elle répandait les parfums de son âme. Un mot avait détruit cette joie; le charme était rompu, cela devenait un amour comme tous les autres, un amour vulgaire et banal ; ces charmants propos, ces divines et pudiques caresses qu'elle croyait inventées pour elles, tout cela avait déjà servi pour une autre; ce n'était qu'un écho sans doute affaibli d'autres discours de même sorte, un manége convenu, un rôle de perroquet appris par cœur. Plangon était tombée du haut de la seule illusion qu'elle eût jamais eue; et, comme une statue que l'on pousse du haut d'une colonne, elle s'était brisée dans sa chute. Dans sa colère elle avait mutilé une délicieuse figure d'Aphrodite, à qui elle avait fait bâtir un petit temple de marbre blanc au fond de son jardin, en souvenir de ses belles amours. Mais la déesse, touchée de son désespoir, ne lui en voulut pas de cette profanation, et ne lui infligea pas le châtiment qu'elle eût attiré de la part de toute autre divinité plus sévère.

Toutes les nuits Ctésias allait pleurer sur le seuil de Plangon, comme un chien fidèle qui a commis quelque faute et que le maître a chassé du logis et qui voudrait y rentrer ; il baisait cette dalle où Plangon avait posé son pied charmant. Il parlait à la porte et lui tenait les plus tendres discours pour l'attendrir; éloquence perdue : la porte était sourde et muette.

Enfin il parvint à corrompre un des portiers et à s'introduire dans la maison; il courut à la chambre de Plangon, qu'il trouva étendue sur son lit de repos, le visage mat et blanc, les bras morts et pendants, dans une attitude de découragement complet.

Cela lui donna quelque espoir; il se dit : « Elle souffre, elle m'aime donc encore ? » Il s'avança vers elle et s'agenouilla à côté du lit. Plangon, qui ne l'avait pas entendu entrer, fit un geste de brusque surprise en le voyant et se leva à demi comme pour sortir; mais, ses forces la trahissant, elle se recoucha, ferma les yeux et ne donna plus signe d'existence.

« O ma vie! ô mes belles amours! que vous ai-je donc fait pour que vous me repoussiez ainsi? » Et en disant cela Ctésias baisait ses bras froids et ses belles mains, qu'il inondait de tièdes larmes. Plangon le laissait faire, comme si elle n'eût pas daigné s'apercevoir de sa présence.

« Plangon! ma chère, ma belle Plangon! si vous

ne voulez pas que je meure, rendez-moi vos bonnes grâces, aimez-moi comme autrefois. Je te jure, ô Plangon! que je me tuerai à tes pieds si tu ne me relèves pas avec une douce parole, un sourire ou un baiser. Comment faut-il acheter mon pardon, implacable? Je suis riche; je te donnerai des vases ciselés, des robes de pourpre teintes deux fois, des esclaves noirs et blancs, des colliers d'or, des unions de perles. Parle; comment puis-je expier une faute que je n'ai pas commise?

— Je ne veux rien de tout cela; apporte-moi la chaîne d'or de Bacchide de Samos, dit Plangon avec une amertume inexprimable, et je te rendrai mon amour. »

Ayant dit ces mots elle se laissa glisser sur ses pieds, traversa la chambre et disparut derrière un rideau comme une blanche vision.

La chaîne de Bacchide samienne n'était pas, comme l'on pourrait se l'imaginer, un simple collier faisant deux ou trois fois le tour du cou, et précieux par l'élégance et la perfection du travail; c'était une véritable chaîne, aussi grosse que celle dont on attache les prisonniers condamnés au travail des mines, de plusieurs coudées de long et de l'or le plus pur.

Bacchide ajoutait tous les mois quelques anneaux à cette chaîne; quand elle avait dépouillé quelque roi de l'Asie-Mineure, quelque grand seigneur persan, quelque riche propriétaire athénien, elle faisait fondre l'or qu'elle en avait reçu et allongeait sa précieuse chaîne.

Cette chaîne doit servir à la faire vivre quand elle sera devenue vieille, et que les amants, effrayés d'une ride naissante, d'un cheveu blanc mêlé dans une noire tresse, iront porter leurs vœux et leurs sesterces chez quelque hétaïre moins célèbre, mais plus jeune et plus fraîche. Prévoyante fourmi, Bacchide, à travers sa folle vie de courtisane, tout en chantant comme les rauques cigales, pense que l'hiver doit venir et se ramasse des grains d'or pour la mauvaise saison. Elle sait bien que les amants, qui récitent aujourd'hui des vers hexamètres et pentamètres devant son portique, la feraient jeter dehors et pelauder à grand renfort de coups de fourches par leurs esclaves si, vieillie et courbée par la misère, elle allait supplier leur seuil et embrasser le coin de leur autel domestique. Mais avec sa chaîne, dont elle détachera tous les ans un certain nombre d'anneaux, elle vivra libre, obscure et paisible dans quelque bourg ignoré, et s'éteindra doucement, en laissant de quoi payer d'honorables funérailles et fonder quelque chapelle à Vénus protectrice. Telles étaient les sages précautions que Bacchide l'hétaïre avait cru devoir prendre contre la misère future et le dénument des dernières années; car une courtisane n'a pas d'enfants, pas de parents, pas d'amis, rien qui se rattache à elle, et il faut en quelque sorte qu'elle se ferme les yeux à elle-même.

Demander la chaîne de Bacchide c'était demander quelque chose d'aussi impossible que d'apporter la mer dans un crible; autant eût valu exiger une pomme d'or du jardin des Hespérides. La vindicative Plangon le savait bien; comment, en effet, penser que Bacchide pût se dessaisir, en faveur d'une rivale, du fruit des épargnes de toute sa vie, de son trésor unique, de sa seule ressource pour les temps contraires ! Aussi était-ce bien un congé définitif que Plangon avait donné à notre enfant, et comptait-elle bien ne le revoir jamais.

Cependant Ctésias ne se consolait pas de la perte de Plangon. Toutes ses tentatives pour la rejoindre et lui parler avaient été inutiles, et il ne pouvait s'empêcher d'errer comme une ombre autour de la maison, malgré les quolibets dont les esclaves l'accablaient et les amphores d'eau sale qu'ils lui versaient sur la tête en manière de dérision.

Enfin il résolut de tenter un effort suprême ; il descendit vers le Pirée et vit une trirème qui appareillait pour Samos ; il appela le patron et lui demanda s'il ne pouvait le prendre à son bord ; le patron, touché de sa bonne mine et encore plus des trois pièces d'or qu'il lui glissa dans la main, accéda facilement à sa demande.

On leva l'ancre ; les rameurs, nus et frottés d'huile, se courbèrent sur leurs bancs et la nef s'ébranla.

C'était une belle nef nommée *l'Argo;* elle était construite en bois de cèdre, qui ne pourrit jamais. Le grand mât avait été taillé dans un pin du mont Ida ; il portait deux grandes voiles de lin d'Égypte, l'une carrée et l'autre triangulaire ; toute la coque était peinte à l'encaustique, et sur le bordage on avait représenté au vif des néréides et des tritons jouant ensemble. C'était l'ouvrage d'un peintre devenu bien célèbre depuis, et qui avait débuté par barbouiller des navires.

Les curieux venaient souvent examiner le bordage de *l'Argo* pour comparer les chefs-d'œuvre du maître à ses commencements; mais, quoique Ctésias fût un grand amateur de peinture et qu'il se plût à former des cabinets, il ne jeta pas seulement les yeux sur les peintures de *l'Argo*. Il n'ignorait pourtant pas cette particularité, mais il n'avait plus de place dans le cerveau que pour une idée, et tout ce qui n'était pas Plangon n'existait pas pour lui.

L'eau bleue, coupée et blanchie par les rames, filait écumeuse sur les flancs polis de la trirème. Les silhouettes vaporeuses de quelques îles se dessinaient dans le lointain et fuyaient bien vite derrière le navire; le vent se leva, l'on haussa la voile, qui palpita incertaine quelques instants et finit par se gonfler et s'arrondir comme un sein plein de lait; les rameurs haletants se mirent à l'ombre sous leurs bancs, et il ne resta sur le pont que deux matelots, le pilote et Ctésias, qui était assis au pied du mât, tenant sous son bras une petite cassette où il y avait trois bourses d'or et deux poignards affilés tout de neuf, sa seule ressource et son dernier recours s'il ne réussissait pas dans sa tentative désespérée.

Voici ce que l'enfant voulait faire; il voulait aller se jeter aux pieds de Bacchide, baigner de larmes ses belles mains, et la supplier, par tous les dieux du ciel et de l'enfer, par l'amour qu'elle avait pour lui, par pitié pour sa vieille mère que sa mort pousserait au tombeau, par tout ce que l'éloquence de la passion pourrait évoquer de touchant et de persuasif, de lui donner la chaîne d'or que Plangon demandait comme une condition fatale de sa réconciliation avec lui.

Vous voyez bien que Ctésias de Colophon avait complétement perdu la tête. Cependant toute sa destinée pendait au fil fragile de cet espoir; cette tentative manquée il ne lui restait plus qu'à ouvrir, avec le plus aigu de ses deux poignards, une bouche vermeille sur sa blanche poitrine pour le froid baiser de la Parque.

Pendant que l'enfant colophonien pensait à toutes ces choses le navire filait toujours, de plus en plus rapide, et les derniers reflets du soleil couchant jouaient encore sur l'airain poli des boucliers suspendus à la poupe lorsque le pilote cria : « Terre ! terre ! »

L'on était arrivé à Samos.

Dès que l'aurore blonde eut soulevé du doigt les rideaux de son lit couleur de safran, l'enfant se dirigea vers la demeure de Bacchide, le plus lentement possible ; car, singularité piquante, il avait maudit la nuit trop lente et aurait été pousser lui-même les roues de son char sur la courbe du ciel, et maintenant il avait peur d'arriver, prenait le chemin le plus long et marchait à petits pas. C'est qu'il hésitait à perdre son dernier espoir et reculait au moment de trancher lui-même le nœud de sa destinée ; il savait qu'il n'avait plus que ce coup de dé à jouer ; il tenait le cornet à la main et n'osait pas lancer sur la table le cube fatal.

Il arriva cependant, et, en touchant le seuil, il

promit vingt génisses blanches, aux cornes dorées, à Mercure, dieu de l'éloquence, et cent couples de tourterelles à Vénus, qui change les cœurs.

Une ancienne esclave de Bacchide le reconnut.

« Quoi! c'est vous, Ctésias? Pourquoi la pâleur des morts habite-t-elle sur votre visage? Vos cheveux s'éparpillent en désordre; vos épaules ne sont plus frottées d'essence; le pli de votre manteau pend au hasard; vos bras ni vos jambes ne sont plus épilés. Vous êtes négligé dans votre toilette comme le fils d'un paysan ou comme un poëte lyrique. Dans quelle misère êtes-vous tombé? Quel malheur vous est-il arrivé? Vous étiez autrefois le modèle des élégants. Que les dieux me pardonnent! votre tunique est déchirée à deux endroits.

— Eryphile, je ne suis pas misérable, je suis malheureux. Prends cette bourse, et fais-moi parler sur-le-champ à ta maîtresse. »

La vieille esclave, qui avait été nourrice de Bacchide, et à cause de cela jouissait de la faveur de pénétrer librement dans sa chambre à toute heure du jour, alla trouver sa maîtresse et pria Ctésias de l'attendre à la même place.

« Eh bien ! Eryphile? dit Bacchide en la voyant entrer avec une mine compassée et ridée, pleine d'importance et de servilité à la fois.

— Quelqu'un qui vous a beaucoup aimé demande à vous voir, et il est si impatient de jouir de l'éclat de vos yeux qu'il m'a donné cette bourse pour hâter les négociations.

— Quelqu'un qui m'a beaucoup aimée, fit Bacchide un peu émue. Bah ! ils disent tous cela. Il n'y a que Ctésias de Colophon qui m'ait véritablement aimée.

— Aussi est-ce le seigneur Ctésias de Colophon en personne.

— Ctésias, dis-tu? Ctésias, mon bien-aimé Ctésias, il est là qui demande à me voir. Va, cours aussi vite que tes jambes chancelantes pourront te le permettre, et amène-le sans plus tarder. »

Eryphile sortit avec plus de rapidité que l'on n'eût pu en attendre de son grand âge.

Bacchide de Samos est une beauté d'un genre tout différent de celui de Plangon ; elle est grande, svelte, bien faite, elle a les yeux et les cheveux noirs, la bouche épanouie, le sourire étincelant, le regard humide et lustré, le son de voix charmant; les bras ronds et forts, terminés par des mains d'une délicatesse parfaite. Sa peau est d'un brun plein de feu et de vigueur, dorée de reflets blonds comme le cou de Cérès après la moisson; sa gorge, fière et pure, soulève deux beaux plis à sa tunique de byssus.

Plangon et Bacchide sont sans contredit les deux plus ravissantes hétaïres de toute la Grèce, et il faut convenir que Ctésias, lui qui a été amant de Bacchide et de Plangon, fut un mortel bien favorisé des dieux.

Eryphile revint avec Ctésias.

L'enfant s'avança jusqu'au petit lit de repos où Bacchide était assise, les pieds sur un escabeau d'ivoire. A la vue de ses anciennes amours Ctésias sentit en lui-même un mouvement étrange; un flot d'émotions violentes tourbillonna dans son cœur, et, faible comme il était, épuisé par les pleurs, les insomnies, le regret du passé et l'inquiétude de l'avenir, il ne put résister à cette épreuve et tomba affaissé sur ses genoux, la tête renversée en arrière, les cheveux pendants, les yeux fermés, les bras dénoués comme si son esprit eût été visiter la demeure des mânes.

Bacchide effrayée souleva l'enfant dans ses bras avec l'aide de sa nourrice, et le posa sur son lit.

Quand Ctésias rouvrit les yeux il sentit à son front la chaleur humide des lèvres de Bacchide, qui se penchait sur lui avec l'expression d'une tendresse inquiète.

« Comment te trouves-tu, ma chère âme? dit Bacchide, qui avait attribué l'évanouissement de Ctésias à la seule émotion de la revoir.

— O Bacchide! il faut que je meure, dit l'enfant d'une voix faible, en enlaçant le col de l'hétaïre avec ses bras amaigris.

— Mourir! enfant, et pourquoi donc? N'es-tu pas beau, n'es-tu pas jeune, n'es-tu pas aimé? Quelle femme, hélas! ne t'aimerait? A quel propos parler de mourir? C'est un mot qui ne va pas dans une aussi belle bouche. Quelle espérance t'a menti? quel malheur t'est-il donc arrivé? Ta mère est-elle morte? Cérès a-t-elle détourné ses yeux d'or de tes moissons? Bacchus a-t-il foulé d'un pied dédaigneux les grappes non encore mûres de tes coteaux? Cela est impossible; la fortune, qui est une femme, ne peut avoir de rigueur pour toi.

— Bacchide, toi seule peux me sauver, toi, la meilleure et la plus généreuse des femmes; mais non, je n'oserais jamais te le dire; c'est quelque chose de si insensé que tu me prendrais pour un fou échappé d'Anticyre.

— Parle, enfant; toi que j'ai tant aimé, que j'aime tant encore, bien que tu m'aies trahie pour une autre (que Vénus vengeresse l'accable de son courroux!), que pourrais-tu donc me demander qui ne te soit accordé sur-le-champ, quand ce serait ma vie?

— Bacchide, il me faut ta chaine d'or, dit Ctésias d'une voix à peine intelligible.

— Tu veux ma chaine, enfant, et pourquoi faire? est-ce pour cela que tu veux mourir? Et que signifie ce caprice? répondit Bacchide surprise.

— Écoute, ô ma belle Bacchide! et sois bonne pour moi comme tu l'as toujours été. J'aime Plangon la Milésienne, je l'aime jusqu'à la frénésie, Bacchide. Un de ses regards vaut plus à mes yeux que l'or des rois, plus que le trône des dieux, plus que la vie; sans elle je meurs; il me la faut, elle est nécessaire à mon existence comme le sang de mes veines, comme la moelle de mes os; je ne puis respirer d'autre air que celui qui a passé sur ses lèvres. Pour moi tout est obscur où elle n'est pas; je n'ai d'autre soleil que ses yeux. Quelque magicienne de Thessalie m'a sans doute ensorcelé. Hélas! que dis-je? le seul charme magique c'est sa beauté, qui n'a d'égale au monde que la tienne. Je la possédais, je la voyais tous les jours, je m'enivrais de sa présence adorée comme d'un nectar céleste; elle m'aimait comme tu m'as aimé, Bacchide; mais ce bonheur était trop grand pour durer. Les dieux furent jaloux de moi. Plangon m'a chassé de chez elle; j'y suis revenu à plat ventre comme un chien, et elle m'a encore chassé. Plangon, la flamme de ma vie, mon âme, mon bien, Plangon me hait, Plangon m'exècre; elle ferait passer les chevaux de son char sur mon corps couché en travers de sa porte. Ah! je suis bien malheureux! »

Ctésias, suffoqué par des sanglots, s'appuya contre l'épaule de Bacchide, et se mit à pleurer amèrement.

« Ah! ce n'est pas moi qui aurais jamais eu le courage de te faire tant de chagrin, dit Bacchide en mêlant ses larmes à celles de son ancien amant; mais que puis-je pour toi, mon pauvre désolé, et qu'ai-je de commun avec cette affreuse Plangon?

—Je ne sais, reprit l'enfant, qui lui a appris notre liaison; mais elle l'a sue. Ce doit être cette venimeuse Archenassa, qui cache sous ses paroles mielleuses un fiel plus âcre que celui des vipères et des aspics. Cette nouvelle a jeté Plangon dans un tel accès de rage qu'elle n'a plus voulu seulement m'adresser la parole; elle est horriblement jalouse de toi, Bacchide, et t'en veut pour m'avoir aimé avant elle; elle se croyait la première dans mon cœur, et son orgueil blessé a tué son amour. Tout ce que j'ai pu faire pour l'attendrir a été inutile. Elle ne m'a jamais répondu que ces mots : « Apporte-moi la chaîne d'or de Bacchide de Samos et je te rendrai mes bonnes grâces. Ne reviens pas sans elle, car je dirais à mes esclaves scythes de lancer sur toi mes molosses de Laconie et je te ferais dévorer. » Voilà ce que répliquait, à mes prières les plus vives, à mes adorations les plus prosternées, l'implacable Plangon. Moi j'ai dit : « Si je ne puis jouir de mes amours comme autrefois, je me tuerai. »

Et, en disant ces mots, l'enfant tira du pli de sa tunique un poignard à manche d'agate, dont il fit mine de se frapper. Bacchide pâlit et lui saisit le bras au moment où la pointe effilée de la lame allait atteindre la peau douce et polie de l'enfant.

Elle lui desserra la main et jeta le poignard dans la mer, sur laquelle s'ouvrait la fenêtre de sa chambre; puis, entourant le corps de Ctésias avec ses beaux bras potelés, elle lui dit :

« Lumière de mes yeux, tu reverras ta Plangon; quoique ton récit m'ait fait bien souffrir, je te pardonne; Éros est plus fort que la volonté des simples mortels, et nul ne peut commander à son cœur. Je te donne ma chaîne, porte-la à ta maîtresse irritée; sois heureux avec elle, et pense quelquefois à Bacchide de Samos, que tu avais juré d'aimer toujours. »

Ctésias, éperdu de tant de générosité, couvrit l'hétaïre de baisers, résolut de rester avec elle et de ne revoir jamais Plangon. Mais il sentit bientôt qu'il n'aurait pas la force d'accomplir ce sacrifice, et, quoiqu'il se taxât intérieurement de la plus noire ingratitude, il partit, emportant la chaine de Bacchide Samienne.

Dès qu'il eut mis le pied sur le Pirée il prit deux porteurs, et, sans prendre le temps de changer de vêtement, il courut chez l'hétaïre Plangon.

En le voyant, les esclaves scythes firent le geste de délier les chaînes de leurs chiens monstrueux; mais Ctésias les apaisa en leur assurant qu'il apportait avec lui la fameuse chaîne d'or de Bacchide de Samos.

« Menez-moi à votre maîtresse, » dit Ctésias à une servante de Plangon.

La servante l'introduisit avec ses deux porteurs.

« Plangon, dit Ctésias du seuil de la porte en voyant que la Milésienne fronçait les sourcils, ne vous mettez pas en colère, ne faites pas le geste de me chasser; j'ai rempli vos ordres et je vous apporte la chaîne d'or de Bacchide Samienne. »

Il ouvrit le coffre et en tira avec effort la chaîne d'or, qui était prodigieusement longue et lourde.

« **Me ferez-vous encore manger par vos chiens et battre par vos Scythes, ingrate et cruelle Plangon?** »

Plangon se leva, fût à lui, et, le serrant étroitement sur sa poitrine : « Ah! j'ai été méchante, dure, impitoyable; je t'ai fait souffrir, mon cher cœur. Je ne sais comment je me punirai de tant de cruautés. Tu aimais Bacchide et tu avais raison, elle vaut mieux que moi. Ce qu'elle vient de faire, je n'aurais eu ni la force ni la générosité de le faire. C'est une grande âme; une grande âme dans un beau corps! en effet, tu devais l'adorer! » Et une légère rougeur, dernier éclair d'une jalousie qui s'éloignait, passa sur la figure de Plangon.

Dès ce jour Ctésias, au comble de ses vœux, rentra en possession de ses priviléges, et continua à vivre avec Plangon au grand désappointement de tous les merveilleux Athéniens.

Plangon était charmante pour lui et semblait prendre à tâche d'effacer jusqu'au souvenir de ses précédentes rigueurs. Elle ne parlait pas de Bacchide; cependant elle avait l'air plus rêveur qu'à l'ordinaire et paraissait agiter dans sa cervelle un projet important.

Un matin, elle prit de petites tablettes de sycomore enduites d'une légère couche de cire, écrivit quelques lignes avec la pointe d'un stylet, appela un messager et lui remit les tablettes, en lui disant de les porter le plus promptement possible à Samos, chez Bacchide l'hétaïre.

A quelques jours de là Bacchide reçut, des mains du fidèle messager qui avait fait diligence, les petites tablettes de sycomore dans une boîte de bois précieux, où étaient enfermées deux unions de perles parfaitement rondes et du plus bel orient.

Voici ce que contenait la lettre:

« Plangon de Milet à Bacchide de Samos, salut.

« Tu as donné à Ctésias de Colophon la chaîne d'or qui est toute ta richesse, et cela pour satisfaire le caprice d'une rivale; cette action m'a tellement touchée qu'elle a changé en amitié la haine que j'éprouvais pour toi. Tu m'as fait un présent bien splendide, je veux t'en faire un plus précieux encore. Tu aimes Ctésias; vends ta maison, viens à Athènes; mon palais sera le tien, mes esclaves t'obéiront, nous partagerons tout, je n'en excepte pas même Ctésias. Il est à toi autant qu'à moi; ni l'une ni l'autre nous ne pouvons vivre sans lui, vivons donc toutes deux avec lui. Porte-toi bien et sois belle; je t'attends. »

Un mois après Bacchide de Samos entrait chez Plangon la Milésienne avec deux mulets chargés d'argent.

Plangon la baisa au front, la prit par la main et la mena à la chambre de Ctésias.

« Ctésias, dit-elle d'une voix douce comme un son de flûte, voilà une amie à vous que je vous amène. »

Ctésias se retourna; le plus grand étonnement se peignit sur ses traits à la vue de Bacchide.

« Eh bien! dit Plangon, c'est Bacchide de Samos, ne la reconnaissez-vous pas? Êtes-vous donc aussi oublieux que cela? Embrasse-la donc; on dirait que tu ne l'as jamais vue. » Et elle le poussa dans les bras de Bacchide avec un geste impérieux et mutin d'une grâce charmante.

On expliqua tout à Ctésias, qui fut ravi comme vous pensez, car il n'avait jamais cessé d'aimer Bacchide, et son souvenir l'empêchait d'être parfaitement heureux; si belles que fussent ses amours présentes, il ne pouvait s'empêcher de regretter ses amours passées, et l'idée de faire le malheur d'une femme si accomplie le rendait quelquefois triste au-delà de toute expression.

Ctésias, Bacchide et Plangon vécurent ainsi dans l'union la plus parfaite, et menèrent dans leur palais une vie élyséenne digne d'être enviée par les dieux. Personne n'eût pu distinguer laquelle des deux amies préférait Ctésias, et il eût été aussi difficile de dire si Plangon l'aimait mieux que Bacchide ou Bacchide que Plangon.

La statue d'Aphrodite fut replacée dans la chapelle du jardin, peinte et redorée à neuf. Les vingt génisses blanches à cornes dorées furent religieusement sacrifiées à Mercure, dieu de l'éloquence, et les cent couples de colombes à Vénus, qui change les cœurs, selon le vœu fait par Ctésias.

Cette aventure fit du bruit, et les Grecs, émerveillés de la conduite de Plangon, joignirent à son nom celui de Pasiphile.

Voici l'histoire de Plangon la Milésienne comme on la contait dans les petits soupers d'Athènes, au temps de Périclès. Excusez les fautes de l'auteur.

OMPHALE,

HISTOIRE ROCOCO.

OMPHALE,

HISTOIRE ROCOCO.

Mon oncle, le chevalier de ***, habitait une petite maison donnant d'un côté sur la triste rue des Tournelles et de l'autre sur le triste boulevard Saint-Antoine. Entre le boulevard et le corp-de-logis, quelques vieilles charmilles, dévorées d'insectes et de mousse, étiraient piteusement leurs bras décharnés au fond d'une espèce de cloaque encaissé par de noires et hautes murailles. Quelques pauvres fleurs étiolées penchaient languissamment la tête comme de jeunes filles poitrinaires, attendant qu'un rayon de soleil vînt sécher leurs feuilles à moitié pourries. Les herbes avaient fait irruption dans les allées, qu'on avait peine à reconnaître, tant il y avait longtemps que le râteau ne s'y était promené. Un ou deux poissons rouges flottaient plutôt qu'ils ne nageaient dans un bassin couvert de lentilles d'eau et de plantes de marais.

Mon oncle appelait cela son jardin.

Dans le jardin de mon oncle, outre toutes les belles choses que nous venons de décrire, il y avait un pavillon passablement maussade, auquel, sans doute par antiphrase, il avait donné le nom de *Délices*. Il était dans un état de dégradation complète. Les murs faisaient ventre ; de larges plaques de crépi s'étaient détachées et gisaient à terre entre les orties et la folle avoine ; une moisissure putride verdissait les assises inférieures ; les bois des volets et des portes avaient joué, elles ne fermaient plus ou fort mal. Une espèce de gros pot-à-feu avec des effluves rayonnantes formait la décoration de l'entrée principale; car, au temps de Louis XV, temps de la construction des *Délices*, il y avait toujours, par précaution, deux entrées. Des oves, des chicorées et des volutes surchargeaient la corniche toute démantelée par l'infiltration des eaux pluviales. Bref, c'était une fabrique assez lamentable à voir que les *Délices* de mon oncle le chevalier de ***.

Cette pauvre ruine d'hier, aussi délabrée que si elle eût eu mille ans, ruine de plâtre et non de pierre, toute ridée, toute gercée, couverte de lèpre, rongée de mousse et de salpêtre, avait l'air d'un de ces vieillards précoces, usés par de sales débauches; elles n'inspiraient aucun respect; car il n'y a rien de si laid et de si misérable au monde qu'une vieille robe de gaze et un vieux mur de plâtre, deux choses qui ne doivent pas durer et qui durent.

C'était dans ce pavillon que mon oncle m'avait logé.

L'intérieur n'en était pas moins *rococo* que l'extérieur, quoiqu'un peu mieux conservé. Le lit était de lampas jaune à grandes fleurs blanches. Une pendule de rocaille posait sur un pied-douche, incrusté de nacre et d'ivoire. Une guirlande de rose pompons circulait coquettement autour d'une glace de Venise; au-dessus des portes les quatre saisons étaient peintes en camayeu. Une belle dame, poudrée à frimas, avec un corset bleu de ciel et une échelle de rubans de la même couleur, un arc dans la main droite, une perdrix dans la main gauche, un croissant sur le front, un lévrier à ses pieds, se prélassait et souriait le plus gracieusement du monde dans un large cadre ovale. C'était une des anciennes maîtresses de mon oncle, qu'il avait fait peindre en Diane. L'ameublement, comme on voit, n'était pas des plus modernes. Rien n'empêchait que l'on ne se crût au temps de la Régence, et la tapisserie mythologique qui tendait les murs complétait l'illusion on ne peut mieux.

La tapisserie représentait Hercule filant aux pieds d'Omphale. Le dessin était tourmenté à la façon de Vanloo et dans le style le plus *Pompadour* qu'il soit possible d'imaginer. Hercule avait une quenouille entourée d'une faveur couleur de rose;

il relevait son petit doigt avec une grâce toute particulière, comme un marquis qui prend une prise de tabac, en faisant tourner, entre son pouce et son index, une blanche flammèche de filasse; son cou nerveux était chargé de nœuds de rubans, de rosettes, de rang de perles et de mille affiquets féminins; une large jupe gorge de pigeon, avec deux immenses paniers, achevait de donner un air tout-à-fait galant au héros vainqueur de monstres.

Omphale avait ses blanches épaules à moitié couvertes par la peau du lion de Némée; sa main frêle s'appuyait sur la noueuse massue de son amant; ses beaux cheveux blonds cendrés, avec un œil de poudre, descendaient nonchalamment au long de son cou, souple et onduleux comme un cou de colombe; ses petits pieds, vrais pieds d'Espagnole ou de Chinoise, et qui eussent été au large dans la pantoufle de verre de Cendrillon, étaient chaussés de cothurnes demi-antiques, lilas tendre, avec un semis de perles. Vraiment, elle était charmante! Sa tête se rejetait en arrière d'un air de crânerie adorable; sa bouche se plissait et faisait une délicieuse petite moue; sa narine était légèrement gonflée, ses joues un peu allumées; un *assassin*, savamment placé, en rehaussait l'éclat d'une façon merveilleuse; il ne lui manquait qu'une petite moustache pour faire un mousquetaire accompli.

Il y avait encore bien d'autres personnages dans la tapisserie, la suivante obligée, le petit Amour de rigueur; mais ils n'ont pas laissé dans mon souvenir une silhouette assez distincte pour que je les puisse décrire.

En ce temps-là j'étais fort jeune, ce qui ne veut pas dire que je sois très vieux aujourd'hui; mais je venais de sortir du collége, et je restais chez mon oncle en attendant que j'eusse fait choix d'une profession. Si le bonhomme avait pu prévoir que j'embrasserais celle de conteur fantastique, nul doute qu'il ne m'eût mis à la porte et déshérité irrévocablement; car il professait pour la littérature en général, et les auteurs en particulier, le dédain le plus aristocratique; en vrai gentilhomme qu'il était, il voulait faire pendre ou rouer de coups de bâton, par ses gens, tous ces petits grimauds qui se mêlent de noircir du papier et parlent irrévérencieusement des personnes de qualité. Dieu fasse paix à mon pauvre oncle! Mais il n'estimait réellement au monde que l'épître à Zétulbé.

Donc je venais de sortir du collége. J'étais plein de rêves et d'illusions. J'étais naïf autant et peut-être plus qu'une rosière de Salency. Tout heureux de ne plus avoir de *pensum* à faire, je trouvais que tout était pour le mieux dans le meilleur des mondes possibles. Je croyais à une infinité de choses; je croyais à la bergère de M. de Florian, aux moutons peignés et poudrés à blanc; je ne doutais pas un instant du troupeau de madame Deshoulières. Je pensais qu'il y avait effectivement neuf muses, comme l'affirmait l'*Appendix* de *Diis et Heroibus* du Père Jouvency. Mes souvenirs de Berquin et de Gessner me créaient un petit monde où tout était rose, bleu de ciel et vert-pomme. O sainte innocence! *Sancta simplicitas!* comme dit Méphistophélès.

Quand je me trouvai dans cette belle chambre, chambre à moi, à moi tout seul, je ressentis une joie à nulle autre seconde. J'inventoriai soigneusement jusqu'au moindre meuble; je furetai dans tous les coins et je l'explorai dans tous les sens. J'étais au quatrième ciel, heureux comme un roi ou deux. Après le souper (car on soupait chez mon oncle), charmante coutume qui s'est perdue avec tant d'autres non moins charmantes que je regrette de tout ce que j'ai de cœur, je pris mon bougeoir et je me retirai, tant j'étais impatient de jouir de ma nouvelle demeure.

En me déshabillant il me sembla que les yeux d'Omphale avaient remué; je regardai plus attentivement, non sans un léger sentiment de frayeur; car la chambre était grande, et la faible pénombre lumineuse qui flottait autour de la bougie ne servait qu'à rendre les ténèbres plus visibles. Je crus voir qu'elle avait la tête tournée en sens inverse. La peur commençait à me travailler sérieusement; je soufflai la lumière. Je me tournai du côté du mur; je mis mon drap par-dessus ma tête; je tirai mon bonnet jusqu'à mon menton, et je finis par m'endormir.

Je fus plusieurs jours sans oser jeter les yeux sur la maudite tapisserie.

Il ne serait peut-être pas inutile, pour rendre plus vraisemblable l'invraisemblable histoire que je vais raconter, d'apprendre à mes belles lectrices qu'à cette époque j'étais en vérité un assez joli garçon. J'avais les yeux les plus beaux du monde : je le dis parce qu'on me l'a dit; un teint un peu plus frais que celui que j'ai maintenant, un vrai teint d'œillet; une chevelure brune et bouclée que j'ai encore, et dix-sept ans que je n'ai plus. Il ne me manquait qu'une jolie marraine pour faire un très passable Chérubin; malheureusement la mienne avait cinquante-sept ans et trois dents, ce qui était trop d'un côté et pas assez de l'autre.

Un soir, pourtant, je m'aguerris au point de jeter un coup d'œil sur la belle maîtresse d'Hercule; elle me regardait de l'air le plus triste et le plus langoureux du monde. Cette fois-là j'enfonçai mon bonnet jusque sur mes épaules et je fourrai la tête sous mon traversin.

Je fis cette nuit-là un rêve singulier, si toutefois c'était un rêve.

J'entendis les anneaux des rideaux de mon lit glisser en criant sur leurs tringles, comme si l'on eût tiré précipitamment les courtines. Je m'éveillai; du moins dans mon rêve il me sembla que je m'éveillais. Je ne vis personne.

La lune donnait sur les carreaux et projetait dans la chambre sa lueur bleue et blafarde. De grandes ombres, des formes bizarres, se dessinaient sur le plancher et sur les murailles. La pendule sonna un quart; la vibration fut longue à s'éteindre; on aurait dit un soupir. Les pulsations du balancier, qu'on entendait parfaitement, ressemblaient à s'y méprendre au cœur d'une personne émue.

Je n'étais rien moins qu'à mon aise et je ne savais trop que penser.

Un furieux coup de vent fit battre les volets et ployer le vitrage de la fenêtre. Les boiseries craquèrent, la tapisserie ondula. Je me hasardai à regarder du côté d'Omphale, soupçonnant confusément qu'elle était pour quelque chose dans tout cela. Je ne m'étais pas trompé.

La tapisserie s'agita violemment. Omphale se détacha du mur et sauta légèrement sur le parquet; elle vint à mon lit en ayant soin de se tourner du côté de l'endroit. Je crois qu'il n'est pas nécessaire de raconter ma stupéfaction. Le vieux militaire le plus intrépide n'aurait pas été trop rassuré dans une pareille circonstance, et je n'étais ni vieux ni militaire. J'attendis en silence la fin de l'aventure.

Une petite voix flûtée et perlée résonna doucement à mon oreille, avec ce grasseyement mignard affecté sous la Régence par les marquises et les gens de bon ton.

« Est-ce que je te fais peur, mon enfant? Il est vrai que tu n'es qu'un enfant; mais cela n'est pas joli d'avoir peur des dames, surtout de celles qui sont jeunes et te veulent du bien; cela n'est ni honnête ni français; il faut te corriger de ces craintes-là. Allons, petit sauvage, quitte cette mine et ne te cache pas la tête sous les couvertures. Il y aura beaucoup à faire à ton éducation, et tu n'es guère avancé, mon beau page; de mon temps les Chérubins étaient plus délibérés que tu ne l'es.

— Mais, dame, c'est que...

— C'est que cela te semble étrange de me voir ici et non là, dit-elle en pinçant légèrement sa lèvre rouge avec ses dents blanches, et en étendant vers la muraille son doigt long et effilé; en effet, la chose n'est pas trop naturelle; mais quand je te l'expliquerais tu ne la comprendrais guère mieux;

qu'il te suffise donc de savoir que tu ne cours aucun danger.

— Je crains que vous ne soyez le... le...

— Le diable, tranchons le mot, n'est-ce pas? c'est cela que tu voulais dire; au moins tu conviendras que je ne suis pas trop noire pour un diable, et que si l'enfer était peuplé de diables faits comme moi on y passerait son temps aussi agréablement qu'en paradis. »

Pour montrer qu'elle ne se vantait pas, Omphale rejeta en arrière sa peau de lion et me fit voir des épaules et un sein d'une forme parfaite et d'une blancheur éblouissante.

« Eh bien! qu'en dis-tu? fit-elle d'un petit air de coquetterie satisfaite.

— Je dis que, quand vous seriez le diable en personne, je n'aurais plus peur, madame Omphale.

— Voilà qui est parler; mais ne m'appelez plus ni madame ni Omphale. Je ne veux pas être madame pour toi, et je ne suis pas plus Omphale que je ne suis le diable.

— Qu'êtes-vous donc, alors?

— Je suis la marquise de T***. Quelque temps

après mon mariage le marquis fit exécuter cette tapisserie pour mon appartement, et m'y fit représenter sous le costume d'Omphale; lui-même y figure sous les traits d'Hercule. C'est une singulière idée qu'il a eue là; car, Dieu le sait, personne au monde ne ressemblait moins à Hercule que le pauvre marquis. Il y a bien longtemps que cette chambre n'a été habitée. Moi, qui aime naturellement la compagnie, je m'ennuyais à périr, et j'en avais la migraine. Être avec son mari, c'est être seule. Tu es venu, cela m'a réjouie; cette chambre morte s'est ranimée; j'ai eu à m'occuper de quelqu'un. Je te regardais aller et venir, je t'écoutais dormir et rêver; je suivais tes lectures. Je te trouvais bonne grâce, un air avenant, quelque chose qui me plaisait; je t'aimais enfin. Je tâchai de te le faire comprendre; je poussais des soupirs, tu les prenais pour ceux du vent; je te faisais des signes, je te lançais des œillades langoureuses, je ne réussissais qu'à te causer des frayeurs horribles. En désespoir de cause, je me suis décidée à la démarche inconvenante que je fais, et à te dire franchement ce que tu ne pouvais entendre à demi-mot. Maintenant que tu sais que je t'aime, j'espère que... »

La conversation en était là lorsqu'un bruit de clef se fit entendre dans la serrure.

Omphale tressaillit et rougit jusque dans le blanc des yeux.

« Adieu! dit-elle, à demain. » Et elle retourna à sa muraille à reculons, de peur sans doute de me laisser voir son envers.

C'était Baptiste qui venait chercher mes habits pour les brosser.

« Vous avez tort, monsieur, me dit-il, de dormir les rideaux ouverts. Vous pourriez vous enrhumer du cerveau; cette chambre est si froide! »

En effet, les rideaux étaient ouverts; moi, qui croyais n'avoir fait qu'un rêve, je fus très étonné, car j'étais sûr qu'on les avait fermés le soir.

Aussitôt que Baptiste fut parti je courus à la tapisserie. Je la palpai dans tous les sens; c'était bien une vraie tapisserie de laine, raboteuse au toucher comme toutes les tapisseries possibles. Omphale ressemblait au charmant fantôme de la nuit comme un mort ressemble à un vivant. Je relevai le pan; le mur était plein; il n'y avait ni panneau masqué ni porte dérobée. Je fis seulement cette remarque, que plusieurs fils étaient rompus dans le morceau de terrain où portaient les pieds d'Omphale. Cela me donna à penser.

Je fus toute la journée d'une distraction sans pareille; j'attendais le soir avec inquiétude et impatience tout ensemble. Je me retirai de bonne heure, décidé à voir comment tout cela finirait. Je me couchai; la marquise ne se fit pas attendre; elle sauta à bas du trumeau et vint tomber droit a mon lit; elle s'assit à mon chevet et la conversation commença.

Comme la veille, je lui fis des questions, je lui demandais des explications. Elle éludait les unes, répondait aux autres d'une manière évasive, mais avec tant d'esprit qu'au bout d'une heure je n'avais pas le moindre scrupule sur ma liaison avec elle.

Tout en parlant elle passait ses doigts dans mes cheveux, me donnait de petits coups sur les joues et de légers baisers sur le front.

Elle babillait, elle babillait d'une manière moqueuse et mignarde dans un style à la fois élégant et familier, et tout-à-fait grande-dame, que je n'ai jamais retrouvé depuis dans personne.

Elle était assise d'abord sur la bergère, à côté du lit; bientôt elle passa un de ses bras autour de mon cou; je sentais son cœur battre avec force contre moi. C'était bien une belle et charmante femme réelle; une véritable marquise qui se trouvait à côté de moi. Pauvre écolier de dix-sept ans! il y avait de quoi en perdre la tête; aussi je la perdis. Je ne savais pas trop ce qui s'allait passer, mais je pressentais vaguement que cela ne pouvait plaire au marquis.

« Et monsieur le marquis, que va-t-il dire là-bas sur son mur? »

La peau du lion était tombée à terre, et les cothurnes lilas tendre glacé d'argent, gisaient à côté de mes pantoufles.

« Il ne dira rien, reprit la marquise en riant de tout son cœur. Est-ce qu'il voit quelque chose? d'ailleurs, quand il verrait, c'est le mari le plus philosophe et le plus inoffensif du monde; il est habitué à cela. M'aimes-tu, enfant?

— Oui, beaucoup, beaucoup... »

Le jour vint; ma maîtresse s'esquiva.

La journée me parut d'une longueur effroyable. Le soir arriva enfin. Les choses se passèrent comme la veille, et la seconde nuit n'eut rien à envier à la première. La marquise était de plus en plus adorable. Ce manége se répéta pendant assez longtemps encore. Comme je ne dormais pas la nuit, j'avais tout le jour une espèce de somnolence qui ne parut pas de bonne augure à mon oncle. Il se douta de quelque chose; il écouta probablement à la porte et entendit tout; car un beau matin il entra dans ma chambre si brusquement qu'Antoinette eut à peine le temps de remonter à sa place.

Il était suivi d'un ouvrier tapissier avec des tenailles et une échelle.

Il me regarda d'un air rogue et sévère qui me fit voir qu'il savait tout.

« Cette marquise de T*** est vraiment folle; ou diable avait-elle la tête de s'éprendre d'un morveux de cette espèce, fit mon oncle entre ses dents; elle avait pourtant promis d'être sage!

« Jean, décrochez cette tapisserie, roulez-la et portez-la au grenier. »

Chaque mot de mon oncle était un coup de poignard.

Jean roula mon amante Omphale, ou la marquise

Antoinette de T***, avec Hercule, ou le marquis de T***, et porta le tout au grenier. Je ne pus retenir mes larmes.

Le lendemain mon oncle me renvoya par la diligence de B*** chez mes respectables parents, auxquels, comme on pense bien, je ne soufflai pas mot de mon aventure.

Mon oncle mourut; on vendit sa maison et les meubles; la tapisserie fut probablement vendue avec le reste.

Toujours est-il qu'il y a quelque temps, en furetant chez un marchand de bric-à-brac pour trouver des momeries, je heurtai du pied un gros rouleau tout poudreux et couvert de toiles d'araignées.

« Qu'est cela, dis-je à l'Auvergnat?

— C'est une tapisserie rococo qui représente les amours de madame Omphale et de monsieur Hercule; c'est du Beauvais, tout en soie et joliment conservé. Achetez-moi donc cela pour votre cabinet; je ne vous le vendrai pas cher, parce que c'est vous. »

Au nom d'Omphale, tout mon sang reflua sur mon cœur.

« Déroulez cette tapisserie, fis-je au marchand d'un ton bref et entrecoupé comme si j'avais la fièvre. »

C'était bien elle. Il me sembla que sa bouche me fit un gracieux sourire et que son œil s'alluma en rencontrant le mien.

« Combien en voulez-vous ?

— Mais, je ne puis vous céder cela à moins de quatre cents francs, tout au juste.

— Je ne les ai pas sur moi. Je m'en vais les chercher ; avant une heure je suis ici. »

Je revins avec l'argent ; la tapisserie n'y était plus. Un Anglais l'avait marchandée pendant mon absence, en avait donné six cents francs et l'avait emportée.

Au fond, peut-être vaut-il mieux que cela se soit passé ainsi et que j'aie gardé intact ce délicieux souvenir. On dit qu'il ne faut pas revenir sur ses premières amours ni aller voir la rose qu'on a admirée la veille.

Et puis je ne suis plus assez jeune ni assez joli garçon pour que les tapisseries descendent du mur en mon honneur.

« Dévalez cette tapisserie, hâtez-vous, et d'un tour de main couvrez-en mon lit. Voilà 25 fr. 10. »

C'était bien cher, il me semble ; mais je voulais faire un généreux sacrifice et que mon oncle ne me reconnût dans la pièce.

« Combien en voulez-vous ?

— Mais, je ne puis vous céder cela au-dessous de quatre cents francs, lui dis-je.

— Je ne les ai pas sur moi, je vais vous les chercher ; avant une heure, je suis ici. »

Je revins avec l'argent ; la tapisserie n'y était plus. Un Anglais l'avait achetée. Je pendant mon absence, en avait donné six cent francs et l'avait emportée.

Là, tout, peut-être, s'est-il arrêté ; que cela se soit passé ainsi ou qu'il l'ait gardée lui et ce délicieux souvenir. On dit qu'il ne veut pas revenir sur ses premières amours, ni aller voir la case qu'on a radmirée la veille.

Et puis je ne sais plus assez ; j'ai eu assez joli garçon pour que les tapisseries descendent d'elles en mon honneur.

LE PETIT CHIEN
DE
LA MARQUISE.

LE PETIT COUSIN
DE
LA MARQUISE

LE PETIT CHIEN

DE

LA MARQUISE.

I.

LE LENDEMAIN DU SOUPER.

Il ne fait pas encore jour chez Éliante; cependant midi vient de sonner.

Midi, l'aurore des jolies femmes! Mais Éliante était priée d'un souper chez la baronne, où l'on a été d'une folie extrême; Éliante n'a mangé, il est vrai, que des petits pieds, des œufs de faisan au coulis et autres drogues; elle a à peine trempé ses lèvres roses dans la mousse du vin de Champagne et bu deux travers de doigt de crème des Barbades; car Éliante, comme toute petite maîtresse, a la prétention de ne vivre que de lait pur et d'amour. Pourtant elle est plus lasse que de coutume et ne recevra qu'à trois heures.

L'abbé V***, qui était du souper, s'est montré d'une extravagance admirable, et le chevalier a fait au commandeur la mystification la plus originale; et ce qu'il y a de parfait c'est que le brave commandeur n'a pas voulu croire qu'il ait été mystifié. A la petite pointe du jour, l'on a été en calèche découverte manger la soupe à l'oignon dans la maison du garde pour se remettre en appétit, et après le déjeuner la présidente a ramené dans son vis-à-vis Éliante, dont le carrosse n'était pas encore arrivé.

Éliante, un peu fatiguée, vient d'entr'ouvrir son bel œil légèrement battu, et un faible sourire, qui dégénère en un demi-bâillement, voltige sur sa petite bouche en cœur que l'on prendrait pour une rose pompon. Elle pense aux coqs-à-l'âne de l'abbé et aux impertinences du chevalier, au nez de plus en plus rouge de la pauvre présidente; mais ces souvenirs agréables s'effacent bientôt et se confondent dans une pensée unique.

Car, il faut bien se l'avouer, si coquet et si galant qu'ait été M. l'abbé, si turlupin que se soit montré M. le chevalier, le succès de la soirée n'a pas été pour eux.

Un autre personnage, qui n'a rien dit et que l'on a trouvé plus spirituel qu'eux, qui ne s'était pas mis en frais de toilette et qu'on a déclaré le suprême de la grâce et de l'élégance, a réuni tous les suffrages de l'assemblée; l'abbé lui-même, quoiqu'il en fût jaloux, a été forcé de reconnaître ce mérite hors du commun et de saluer l'astre naissant.

Ce personnage, dont toutes les dames raffolaient et qui occupe en ce moment la pensée d'Éliante, pour ne pas vous faire consumer en recherches et en conjectures inutiles un temps que vous pourriez employer beaucoup mieux, n'est autre chose que le petit chien de la marquise, un bichon incomparable qu'elle avait apporté dans son manchon ouaté.

II.

LE BICHON FANFRELUCHE.

Pour faire l'éloge de ce bichon merveilleux, il faudrait arracher une plume à l'aile de l'Amour; la main des Grâces serait seule assez légère pour tracer son portrait; le crayon de Latour n'aurait rien de trop suave.

Il s'appelle Fanfreluche, très joli nom de chien, qu'il porte avec honneur.

Fanfreluche n'est pas plus gros que le poing fermé de sa maîtresse, et l'on sait que madame la marquise a la plus petite main du monde; et cependant il offre à l'œil beaucoup plus de volume et paraît presque un petit mouton; car il a des soies d'un pied de long, si fines, si douces, si brillantes, que la queue à Minette semble une brosse en comparaison. Quand il donne la patte et qu'on la lui serre un peu, l'on est tout étonné de ne rien sentir du tout. Fanfreluche est plutôt un flocon de laine soyeuse, où brillent deux beaux yeux bruns et un petit nez rose, qu'un véritable chien; un pareil bichon ne peut qu'appartenir à la mère des amours, qui l'aura perdu en allant à Cythère, où madame la marquise, qui y va quelquefois, l'a probablement trouvé.

Regardez-moi cette physionomie intéressante et spirituelle; Roxelane n'aurait-elle pas été jalouse de ce nez délicatement rebroussé et séparé dans le milieu par une petite raie, comme celui d'Anne d'Autriche? Ces deux marques de feu, au-dessus des yeux, ne font-elles pas meilleur effet que l'*assassine* posée de la manière la plus engageante?

Quelle vivacité dans cette prunelle à fleur de tête! et cette double rangée de dents blanches, grosses comme des grains de riz, que la moindre contrariété fait apparaître dans toute leur splendeur, quelle duchesse n'envierait leur pureté et leur éclat? Le charmant Fanfreluche, outre les moyens physiques de plaire, possède mille talents de société; il danse le menuet avec plus de grâce que Marcel lui-même; il sait donner la patte et marquer l'heure; il fait la cabriole pour la reine et mesdames de France, et distingue sa droite de sa gauche. Fanfreluche est très docte et il en sait plus que messieurs de l'Académie; s'il n'est pas académicien c'est qu'il n'a pas voulu; il a pensé, sans doute, qu'il y brillerait par son absence. L'abbé prétend qu'il est fort comme un Turc sur les langues mortes, et que s'il ne parle pas c'est une pure malice de sa part et pour faire enrager sa maîtresse.

Du reste, Fanfreluche n'a point la voracité animale des chiens ordinaires. Il est très friand, très gourmet et d'une nourriture difficile; il ne mange absolument qu'un petit vol-au-vent de cervelle qu'on fait exprès pour lui, et ne boit qu'un petit pot de crème qu'on lui sert dans une soucoupe du Japon. Cependant, quand sa maîtresse soupe en ville, il consent à sucer un bout d'aile de poularde et à croquer une sucrerie du dessert; mais c'est une faveur rare qu'il ne fait pas à tout le monde, et il faut que le cuisinier lui plaise. Fanfreluche n'a qu'un petit défaut; mais qui est parfait en ce monde? Il aime les cerises à l'eau-de-vie et le tabac d'Espagne, dont il mange de temps en temps une prise; c'est une manie qui lui est commune avec le prince de Condé.

Dès qu'il entend grincer la charnière de la boîte d'or du commandeur, il faut voir comme il se dresse sur ses pattes de derrière et comme il tambourine avec sa queue sur le parquet, et si la marquise, enfoncée dans les délices du wisht ou du reversi, ne le surveille pas exactement, il saute sur les genoux de l'abbé, qui lui donne trois ou quatre cerises confites; avec cela, Fanfreluche, qui n'a pas la tête forte, est gris comme un Suisse et deux chantres d'église; il fait les plus drôles zigs-zags du monde et devient d'une férocité extraordinaire à l'endroit des mollets un peu absents du chevalier, qui, pour conserver ce qui lui en reste, est obligé de serrer ses jambes sur un fauteuil. Ce n'est plus un petit chien, c'est un petit lion, et il n'y a que la marquise qui puisse en faire quelque chose. Il faut voir les singeries et les mutineries qu'il fait avant de se laisser remettre dans son manchon ou coucher dans sa niche de bois de rose matelassée de satin blanc et garnie de chenille bleue. On ne sait pas combien les incartades de Fanfreluche ont valu de coups de busc et d'éventail sur les doigts à M. l'abbé, son complice.

III.

UN PASTEL DE LATOUR.

Si la transition n'est pas trop brusque, d'un joli chien à une jolie femme, permettez-moi de vous tirer un léger crayon d'Éliante.

Éliante est d'une jeunesse incontestable; elle a encore dix ans à dire son âge sans mentir; le nombre de ses printemps ne se monte qu'à un chiffre peu élevé. C'est bien le cas de dire: *Aurea medio-*

critas. On sait encore où sont les morceaux de sa dernière poupée, et elle est si notoirement *enfant,* qu'elle accepte sans hésiter les rôles de vieille, de duègne et de grand'mère dans les proverbes et les charades de société. Heureuse Éliante! qui ne craint pas d'être confondue avec le personnage qu'elle représente, et qui peut se grimer hardiment sans courir le risque de faire prendre ses fausses rides pour de vraies!

En revanche, madame la présidente, dont le nez s'échauffe visiblement, à la grande satisfaction de ses amies, et qui commence à se couperoser en diable, trouve les rôles de jeunes veuves de vingt-cinq ans beaucoup trop vieux pour elle.

Éliante, qui est née et ne voit que l'extrêmement bonne compagnie, a épousé à quinze ans le comte de ***; elle sortait du couvent et n'avait jamais vu son prétendu, qui lui sembla fort beau et fort aimable; c'était le premier homme qu'elle voyait après le père confesseur. Elle ne comprenait d'ailleurs du mariage que la voiture, les robes neuves et les diamants.

Le comte a bien quarante ans passés; il a été ce

qu'on nomme un roué, un homme à bonnes fortunes, un coureur d'aventures sous le règne de l'autre roi. Il est parfait pour sa femme; mais comme il avait ailleurs une affaire réglée, un engagement formel, son intimité avec Éliante n'a jamais été bien sérieuse, et la jeune comtesse jouit de toute la liberté désirable, le comte n'étant nullement susceptible de jalousie et autres préjugés gothiques.

La figure d'Éliante n'a pas de ces régularités grecques dont on s'accorde à dire qu'elles sont parfaitement belles, mais qui au fond ne charment personne; elle a les plus beaux yeux du monde et un jeu de prunelles supérieur, des sourcils finement tracés qu'on prendrait pour l'arc de Cupidon, un petit nez fripon et chiffonné qui lui sied à ravir; une bouche à n'y pas fourrer le petit doigt; ajoutez à cela des cheveux à pleines mains, et qui, lorsqu'ils sont dénoués, lui vont jusqu'au jarret; des dents si pures, si bien faites, si bien rangées, qu'elles forceraient la douleur à éclater de rire pour les montrer; une main fluette et potelée à la fois, un pied à chausser la pantoufle de Cendrillon, et vous aurez un ensemble d'un régal assez exquis. Éliante, dans toute sa mignonne perfection, n'a de grand que les yeux. Le principal charme d'Éliante consiste dans une grâce extrême et une manière de porter les choses les plus simples. La grande toilette de cour lui va bien; mais le négligé lui sied davantage. Quelques indiscrets prétendent qu'elle est encore mieux *sous le linge*. Cette opinion nous paraît ne pas manquer de probabilité.

IV.

POMPADOUR.

Éliante est appuyée sur son coude, qui s'enfonce à moitié dans un oreiller de la plus fine toile de Hollande, garnie de point d'Angleterre. Elle rêve aux perfections de l'inimaginable Fanfreluche; elle soupire en pensant au bonheur de la marquise; Éliante donnerait volontiers trois mousquetaires et deux petits collets en échange du miraculeux bichon.

Pendant qu'elle rêve, jetons un coup d'œil dans sa chambre à coucher, d'autant que cette occasion de décrire la chambre à coucher d'une jolie femme du temps ne se représentera pas de sitôt, et que le Pompadour est aujourd'hui à la mode.

Le lit, de bois sculpté, peint en blanc, rehaussé d'or mat et d'or bruni, pose sur quatre pieds tournés avec un soin curieux. Les dossiers, de forme cintrée, surmontés d'un groupe de colombes qui se becquetent, sont rembourrés moelleusement pour éviter que la jolie dormeuse ne se frappe la tête en faisant quelque rêve un peu vif où l'illusion approche de la réalité. Un ciel, orné de quatre grands bouquets de plumes et fixé au plafond par un câble doré soutient une double paire de rideaux d'une étoffe couleur cuisse de nymphe moirée d'argent. Dans le fond, il y a une grande glace à trumeau festonné de roses et de marguerites mignonnement découpées; cette glace réfléchit les attitudes gracieuses de la comtesse, fait d'utiles trahisons à ses charmes en montrant ce qu'on ne doit pas laisser voir. En outre, elle égaie et donne de l'air et du jour à ce coin un peu sombre. Éliante est tournée de façon à n'avoir pas besoin de s'entourer des prudences du mystère; elle n'a que faire du demi-jour et des teintes ménagées.

Sur un guéridon tremble, dans une veilleuse de vieux Sèvres, une petite étoile timide, à qui les joyeux rayons du soleil, qui filtrent par l'interstice des rideaux et des volets, ont enlevé sa nocturne auréole; car l'on croyait que madame rentrerait de bonne heure, au sortir de l'Opéra, et les préparatifs de son coucher avaient été faits comme à l'ordinaire.

Les dessus de porte, en camayeu lilas tendre, représentent des aventures mythologiques et galantes. Le peintre a mis beaucoup de feu et de volupté dans ces compositions, qui inspireraient, par la manière agréable et galante dont elles sont touchées, des idées amoureuses et riantes à la prude la plus rigide et la plus collet monté.

La tenture semblable aux rideaux est retenue par des ganses, des cordes à puits et des nœuds d'argent. Cette tapisserie a l'avantage, par l'extrême fraîcheur de ses teintes, de faire paraître épouvantables et enluminées comme des furies toutes les personnes qui n'ont pas, comme Éliante, un teint à l'épreuve de tout rapprochement. Cette nuance a été malicieusement choisie par la jeune comtesse pour faire enrager deux de ses meilleures amies que l'abus du rouge a rendues jaunes comme des coings, et qu'elle affecte de recevoir toujours dans cette pièce.

Des miroirs avec des cadres rocaille remplissent l'entre-deux des croisées; il ne saurait y avoir trop de glaces dans la chambre d'une jolie femme; mais aussi je casserais volontiers celles qui sont exposées à doubler de sots visages. Est-ce que ce n'est pas assez de voir une fois la présidente et la vieille douairière de B***.

La cheminée est chargée de magots de la Chine, de groupes de biscuits et de porcelaine de Saxe. Deux grands vases en vert céladon craquelé, richement montés, garnissent les deux angles. Une superbe pendule de Boule, incrustée d'écaille et dont l'aiguille est sur le chemin de trois heures, pose sur un piédouche d'une égale magnificence et terminé par des feuillages d'or. Devant la cheminée où brille une grande flamme, un garde-feu en filigrane argenté se replie plusieurs fois et se brise à angles aigus. Des écrans de damas avec des bois sculptés, une duchesse et un métier pour broder au tambour, complètent l'ameublement de ce côté.

Un paravent en véritable laque de Chine, tout chamarré de hérons à longues aigrettes, de dragons ailés, d'arbres palmistes, de pêcheurs avec des cormorans sur le poing, empêche le perfide vent-coulis de pénétrer dans ce sanctuaire des grâces ; un tapis de Turquie, apporté par M. le comte qui fut autrefois ambassadeur près la Sublime-Porte, amortit le bruit des pas, et de doubles volets matelassés empêchent les sons extérieurs de pénétrer dans cet asile du repos et de l'amour. Telle était la chambre à coucher de la comtesse Éliante.

Nous espérons que par la littérature de commissaire-priseur où nous vivons l'on nous pardonnera aisément cette description un peu longue en songeant qu'il ne tenait qu'à nous qu'elle le fût deux fois plus, et que personne n'aurait pu nous faire mettre en prison pour cela.

V.

POURPARLER.

FANCHONNETTE, la femme de chambre de madame Eliante, entre sur la pointe du pied et s'avance timidement jusqu'auprès du lit, et voyant qu'Eliante ne dort plus :

Madame...

ÉLIANTE.

Eh bien ! Fanchonnette, qu'y a-t-il ? est-ce que le feu est à la maison ? Tu as l'air tout effarée.

FANCHONNETTE.

Non, madame, le feu n'est pas à la maison, c'est pis que cela : M. le duc Alcindor qui fait pied de grue depuis deux heures, et qui voudrait entrer.

ÉLIANTE.

Il faut lui dire que je ne suis pas visible, que j'ai une migraine affreuse, que je n'y suis pas.

FANCHONNETTE.

Je lui ai dit tout cela, il ne veut pas s'en aller ; il prétend que, si vous êtes sortie, il faudra bien que vous rentriez, et que, si vous êtes chez vous, il faudra bien que vous finissiez par sortir. Il est décidé à faire le blocus de votre porte.

ÉLIANTE.

Quel homme terrible!

FANCHONNETTE.

Il va se faire apporter une tente et des vivres pour s'établir définitivement dans votre salon. Et la démangeaison qu'il a de vous parler est si grande qu'il escaladera plutôt la fenêtre.

ÉLIANTE.

Quelle étrange fantaisie! cela est d'une folie qui ne rime à rien! Que peut-il donc avoir à me dire? Fanchonnette, comment suis-je aujourd'hui? je me trouve d'une laideur affreuse; il me semble que j'ai l'air à madame de B*.

FANCHONNETTE.

Au contraire, madame n'a jamais été plus charmante; elle a le teint d'une fraîcheur admirable.

ÉLIANTE.

Rajuste un peu ma cornette et va dire au duc que je consens à le recevoir.

VI.

LA RUELLE D'ÉLIANTE.

ÉLIANTE, LE DUC ALCINDOR.

ALCINDOR.

Incomparable Éliante, vous voyez devant vous le plus humble de vos sujets que le grand désir qu'il avait de déposer ses hommages sur les marches de votre trône a poussé jusqu'à la dure nécessité de se rendre importun.

ÉLIANTE.

Duc, je vous ferai observer que je suis couchée et non sur un trône, et je vous demanderai en même temps pardon de ne pas vous recevoir debout.

ALCINDOR.

Est-ce que le lit n'est pas le trône des jolies femmes? Quant à ce qui est de ne pas me recevoir debout, j'espère que vous me permettrez de considérer cela comme une faveur.

ÉLIANTE.

Au fait, vous m'y faites penser, je vous défends, Alcindor, de regarder comme une faveur d'être admis dans ma ruelle ; vous êtes un homme si pointilleux qu'il faut prendre ses précautions avec vous.

ALCINDOR.

Méchante, vous fûtes toujours pour moi de la vertu la plus ignoble, et cependant Dieu sait que j'ai toujours nourri à votre endroit la flamme la plus vive. Vous me faites sentir des choses...

ÉLIANTE.

Alcindor, quand vous parlerez de votre flamme, allumez un peu votre œil et tâchez d'avoir un débit un peu moins glacial; on dirait que vous avez peur d'être pris au mot.

ALCINDOR.

Vous dites là des choses affreuses; Éliante, il en faudrait dix fois moins pour perdre un homme de réputation. Heureusement que de ce côté-là je suis à couvert. Je vous ferai voir...

ÉLIANTE.

On ne veut point voir.

ALCINDOR, prenant un livre sur la table.

Qu'est ceci? encore une production nouvelle? quelque rapsodie? Messieurs les auteurs sont vraiment des animaux malfaisants. Est-ce que vous recevez de ces espèces-là?

ÉLIANTE.

Mon Dieu! non. J'ai deux poëtes qui couchent à l'écurie et mangent à l'office. Ils me font remettre ce fatras par Fanchonnette, qu'ils appellent Iris et Vénus.

ALCINDOR, se rapprochant du lit.

Au vrai, la cornette de nuit vous va à ravir, et vous êtes charmante en peignoir.

ÉLIANTE.

Oh! non, je suis laide à faire peur.

ALCINDOR.

Je vous demande un million de pardons de vous donner un démenti, mais cela est de la plus insigne fausseté. Dussé-je me couper la gorge avec vous, je ne me rétracterai pas.

ÉLIANTE.

Je dois avoir la figure toute renversée; je n'ai pas fermé l'œil.

ALCINDOR.

Vous avez une fraîcheur de dévote et de pensionnaire. Je vous trouve les yeux d'un lumineux particulier. Est-ce que vous étiez d'un petit souper chez la baronne! On dit que tout y a été du dernier mieux. L'abbé surtout était impayable, à ce qu'on dit. Je me meurs de chagrin de ne pas m'être rendu à l'invitation de cette chère baronne, mais on ne peut pas être partout. Ce que je crève de chevaux est incroyable; mon coureur est sur les dents, et je ne sais vraiment pas comment j'y résiste. Ah! vous étiez de cette partie? D'honneur! je vais m'aller pendre ou me jeter à l'eau en sortant d'ici de ne l'avoir pas deviné.

ÉLIANTE.

La marquise y est venue avec un petit chien que je ne lui connaissais pas, un bichon de la plus belle race, je n'en ai jamais vu un pareil; il s'appelle Fanfreluche. O l'amour de chien! Duc, quelle est donc la cause qui vous faisait tant désirer de me voir?

ALCINDOR.

Je voulais vous voir; n'est-ce pas un excellent motif?

ÉLIANTE.

Si fait, très excellent. Mais n'aviez-vous point quelque chose de plus important à me dire?

ALCINDOR.

Pardieu! je désirais vous faire ma déclaration en règle et m'établir en qualité de soupirant en pied auprès de vos perfections.

ÉLIANTE.

Vous extravaguez, duc ; vous savez tout aussi bien que moi que vous n'êtes pas amoureux le moins du monde.

ALCINDOR.

Ah ! belle Éliante ! figurez-vous que j'ai le cœur percé de part en part; regardez plutôt derrière mon dos, vous verrez la pointe de la flèche.

ÉLIANTE.

Une physionomie intéressante au possible, des soies longues comme cela, des marques de feu, des pattes torses. Oh ! mon Dieu, je crois que je deviendrai folle si je n'ai un bichon pareil; mais il n'en existe pas !

ALCINDOR.

Je vous aime, là, sérieusement.

ÉLIANTE.

Une queue en trompette.

ALCINDOR.

Je vous adore !

ÉLIANTE.

Des oreilles frisées.

ALCINDOR.

Oh! femme divine!

ÉLIANTE.

Oh! charmant animal! l'abbé dit qu'il parle hébreu. Mon Dieu! que je suis malheureuse! Il danse si bien! Je déteste cette marquise; c'est une intrigante, et elle a de faux cheveux.

ALCINDOR.

Que puis-je faire pour vous consoler? faut-il traverser la mer, sauter à pieds joints sur les tours Notre-Dame? C'est facile, parlez.

ÉLIANTE.

Je ne veux que Fanfreluche; je n'ai eu dans ma vie qu'un seul désir violent et je ne puis le satisfaire. Je crois que j'en aurai des vapeurs; ah! les nerfs me font déjà un mal affreux. Duc, passez-moi les gouttes du général Lamothe. Tenez, ce flacon sur la table, je me sens faible.

ALCINDOR, lui laissant sentir le flacon.

L'admirable tour de gorge que vous avez là! c'est du point de Malines ou de Bruxelles, si je ne me trompe.

ÉLIANTE.

Alcindor! finissez; vous m'agacez horriblement. Ah! j'embrasserais de bon cœur le diable, mon mari lui-même, s'il paraissait ici avec Fanfreluche sous le bras!

ALCINDOR.

C'est fort! dans le même cas serai-je plus maltraité que le diable et votre mari?

ÉLIANTE.

Non; peut-être mieux. C'est mon dernier mot. Sonnez Fanchonnette, qu'elle vienne me lever et m'habiller.

ALCINDOR.

Je vous obéis, madame. Ma foi! le sort en est jeté, je me fais voleur de chien.

O mes aïeux, pardonnez-moi! Jupiter s'est bien changé en oie et en taureau; c'était déroger encore plus. L'amour se plaît à réduire les plus hauts courages à ces dures extrémités. Adieu, madame, au revoir, je vais à la conquête de la Toison-d'Or.

ÉLIANTE.

Adieu. Cupidon et Mercure vous soient en aide!

Ayez bien soin de ne revenir qu'avec Fanfreluche, ou je vous annonce que je vous recevrai en tigresse d'Hircanie, à belles dents et à belles griffes. Voilà Fanchonnette; bonsoir, duc.

VII.

Alcindor, rentré chez lui, se jeta sur une chaise longue et poussa un soupir modulé et flûté qui se pouvait traduire ainsi : « Que le diable emporte toutes ces bégueules maniérées et vaporeuses, avec leurs fantaisies extravagantes ! » Il pencha sa tête en arrière, regarda fixement les moulures du plafond, et allongea languissamment sa main vers le cordon de moire d'une sonnette. Il l'agita à plusieurs reprises, mais personne ne vint. Comme Alcindor était naturellement fort vif et ne pouvait souffrir le moindre retard, il se pendit des deux mains au cordon de la sonnette qui se rompit. Alcindor, privé de ce moyen de communication avec le monde de l'office et de l'antichambre, et décidé à ne pas sortir de sa chaise, se mit à faire un vacarme horrible.

« Holà! Giroflée, Similor, Marmelade, Galopin, Champagne, quelqu'un! Il n'y a pas une personne de qualité en France qui soit plus mal servie que moi! Holà! maroufles, butors, bélîtres, marauds, gredins, vous aurez cent coups de bâton! gare les épaules du premier qui entrera. Ha! canaille noire et blanche, je vous ferai tous aller aux galères, pendre et rouer vifs comme vous le méritez si bien. Je vous recommanderai à M. le Prévôt, soyez tranquilles. Morbleu! ventrebleu! corbleu! têtebleu! sacrebleu! Ces drôles me feront à la fin sortir de mon caractère. Champagne, Basque, Galopin, Marmelade, Similor, Giroflée, holà! les bourreaux! je n'en puis plus, je meurs! ouf! »

Le duc Alcindor, suffoqué de rage et étranglé par un nouveau paquet d'invectives qui lui montait dans la gorge, tomba comme épuisé sur le dossier de sa chaise.

La porte de la chambre s'ouvrit et laissa passer enfin une grosse tête de nègre, ronde, joufflue, et d'autant plus joufflue qu'elle avait les bajoues fort exactement remplies d'une caille au gratin, dérobée à l'office, et dont la déglutition avait été interrompue par les cris forcenés d'Alcindor. C'était Similor, le nègre favori de M. le duc. Par derrière pointait timidement le nez aigu de Giroflée.

« Ze crois que petit maître blanc appeler moa noir, » dit le nègre Similor d'un ton demi-patelin, demi-effrayé, en tâchant de remuer sa large langue à travers l'épaisse pâtée de pain et de viande qui lui farcissait la bouche.

« Ah! tu crois, brigand, que je t'appelais! Je te ferai écorcher vif et retourner comme un vieil habit, pour voir si la doublure de ta peau est aussi noire que l'étoffe. Tiens, misérable!... » Et le duc, dont la rage s'était ravivée en s'exhalant, prit un flambeau sur la table et le jeta à la tête du nègre. Le flambeau alla droit à une glace qu'il rompit en mille morceaux.

Similor, habitué à ces façons d'agir, se laissa tomber à plat ventre sur le tapis en criant piteusement : « Aie ! aie ! aie ! petit maître, ze suis mort ! et en faisant des grimaces bouffonnes qui manquaient rarement leur effet. Le zandelier m'a passé à travers le corps. Ze sens un grand trou. Ze suis bien mort cette fois. Couic !

— Allons ! cuistre, dit Alcindor dont la colère était passée, en lui donnant un grand coup de pied au derrière, finis tes singeries ; et vous, Giroflée, puisque vous voilà, accommodez-moi, car je ne veux plus sortir aujourd'hui. Coiffez-moi de nuit, Giroflée ; et vous, Similor, allez faire défendre la porte à tout le monde. Cependant, s'il vient une dame en capuchon noir, petit pied et main blanche, laissez-la monter. Mais, pour Dieu ! qu'on n'aille pas se tromper et admettre Elmire ou Zulmé, deux espèces qui m'assomment et dont j'ai assez depuis huit jours. »

Cela dit, Alcindor s'établit dans une duchesse,

et Giroflée commence à l'accommoder. Similor se tenait debout devant lui, tendant des épingles à mesure qu'on en avait besoin, montrant la langue, faisant des grimaces, et tirant la queue à un sapajou qui, à chaque fois, poussait un glapissement aigre et faisait grincer ses dents comme une scie.

VIII.

PERPLEXITÉ.

Je dois l'avouer, le duc Alcindor, quoiqu'il eût deux cent mille livres de rentes, la jambe bien faite et de belles dents, n'avait pas la moindre invention et était d'une pauvreté d'imagination déplorable. Cela ne paraissait pas tout d'abord; il avait du jargon et du vernis; ajoutez à cela l'assurance que peuvent donner à quelqu'un qui n'est pas mal fait de sa personne une fortune de deux cent mille livres de rentes en bonnes terres, un grand nom, un beau titre, l'espoir d'être nommé bientôt grand d'Espagne de la première classe, et vous concevrez facilement que le duc ait pu passer dans un certain monde pour un homme extrêmement brillant; mais une nullité assez réelle se cachait sous ces belles apparences.

Alcindor, qui se croyait obligé d'avoir la comtesse Eliante parce qu'elle était à la mode, et que naturellement toutes les femmes à la mode reviennent aux hommes en vogue, avait d'abord été fort charmé que le don de Fanfreluche eût été mis comme seule condition à son bonheur.

Il avait redouté de passer par tous les ennuis d'une affaire en règle et d'un soupirant avoué, et craint qu'Eliante, pour rendre son triomphe plus éclatant, ne lui fît grâce d'aucune des gradations d'usage que le progrès des lumières a singulièrement simplifiées depuis nos gothiques aïeux, mais qui peuvent bien encore durer huit mortels jours quand la divinité que l'on adore tient à passer pour une femme à grands principes et à grands sentiments.

D'ailleurs le chevalier de Versac, le rival détesté d'Alcindor pour l'élégance de sa fatuité, le bon goût de ses équipages, la richesse et le nombre de ses montres et de ses tabatières, avait eu madame Eliante avant lui, et même, disait-on, en premier. C'est ce qui avait porté Alcindor à désirer prendre un engagement avec Eliante, et à lui rendre des soins extrêmement marqués. Quoique Eliante l'eût reçu toujours assez favorablement, sa flamme n'avait guère eu la mine d'être couronnée de sitôt, jusqu'à l'espérance, pour ainsi dire positive, que la jeune comtesse lui avait donnée à propos du bichon Fanfreluche.

Une jolie femme pour un joli chien ! cela avait semblé tout d'abord au duc Alcindor un marché très excellent. Rien ne lui avait paru plus aisé que d'avoir Fanfreluche, mais au fond rien n'était moins facile. Les pommes d'or du jardin des Hespérides gardées par des dragons n'étaient rien au prix de cela; on s'en fût procuré un quarteron avec moins de peine qu'il n'en eût fallu pour arracher de la précieuse toison de Fanfreluche une seule de ses soies.

Comment en approcher? Le demander à la marquise? elle aurait plutôt renoncé au rouge et donné ses diamants. Le voler? elle le portait toujours dans son manchon. Le pauvre duc ne savait que résoudre; sa perplexité était au comble.

« Ah! ma foi! vivent nos chères impures! il n'y a rien de tel au monde que l'Opéra pour la commodité des soupirs. Ces demoiselles sont pleines de bon sens et ne donnent pas ainsi dans les goûts bizarres; elles veulent du solide et du positif. Avec des diamants, de la vaisselle plate, un carrosse ou quelque autre misère de ce genre, on en est quitte. Je vous demande un peu quelle idée est celle-là, de vouloir le bichon de la marquise précisément? Je lui donnerais bien volontiers en retour de ses précieuses faveurs une meute tout entière de petits chiens, tout aussi beaux que Fanfreluche, mais point; c'est celui-là qu'elle veut. Ce n'est pas que je sois fort amoureux de cette Eliante; elle n'a de beau que les yeux et les dents, elle est maigre, et son charme consiste plutôt dans les manières et la tournure. Pour ma part, je préfère la Rosine et la Desobry ; mais je dois à ma réputation d'avoir et d'afficher Eliante, car l'on m'accuse de trop me laisser aller aux facilités en amour, et quelques-uns de mes envieux, en tête desquels est Versac, répandent sous le manteau que je n'ai pas la suite qu'il faut pour avoir des triomphes de quelque consistance. Ainsi donc, il est d'urgence que j'aie Eliante, mais pour cela il faut Fanfreluche. Diable ! diable ! quelle fantaisie de rendre un duc et pair voleur de chien !

— Si Monsieur remue ainsi, objecta timidement Giroflée, je ne pourrai jamais venir à bout de le coiffer.

— Monsieur blanc remuer effectivement beaucoup, ajouta Similor en pinçant l'oreille du sapajou.

— Giroflée, mon valet de chambre, et vous, Similor, mon nègre favori, je vous avouerai que vous coiffez un duc dans le plus grand embarras.

— Qu'y a-t-il, monsieur le duc ? dit Giroflée en roulant une dernière boucle ; qu'est-ce qui peut embarrasser un homme comme vous ?

— Vous croyez, vous autres faquins, qu'un duc et pair est au-dessus des mortels; cela est bien vrai, mais cela n'empêche pas que je ne sache que résoudre dans une situation difficile où je me trouve. O Giroflée! ô Similor! vous voyez votre maître chéri dans une perplexité étrange.

— Si Monseigneur daignait s'ouvrir à moi... dit Giroflée en posant la main sur son cœur.

— S'ouvrir à nous..., interrompit Similor, qui voulait à toute force entrer dans la confidence pour partager les bénéfices qu'elle amènerait inévitablement.

— Et me confier..., continua Giroflée.

— Et nous confier, interrompit de nouveau Similor.

— Ce qui le tourmente... »

Similor, croyant avoir constaté sa part dans la confidence et sachant qu'il n'était pas à beaucoup près aussi grand orateur que Giroflée, le laissa achever tranquillement sa phrase.

« Je pourrais lui être de quelque utilité et lui suggérer quelques idées. Je saisis ici l'occasion de protester de mon dévouement à monsieur le duc, et je lui promets que, s'il fallait que le fidèle Giroflée exposât sa vie pour lui faire plaisir, il n'hésiterait pas un instant.

— Nous..., ajouta monosyllabiquement le silencieux Similor, qui tenait à établir la dualité, et que les *je* trop fréquents de Giroflée inquiétaient singulièrement.

— Bien, bien, mes enfants, vous m'attendrissez, ne continuez pas. Voici en deux mots de quoi il s'agit : Il faut voler Fanfreluche, le bichon de la marquise. Cinquante louis pour vous si vous l'avez cette semaine, et vingt-cinq si vous ne l'avez que dans quinze jours. »

Giroflée pâlit de plaisir, Similor fit la roue, car voler un chien semblait à ces deux fripons fieffés un pur enfantillage. Même Similor, qui était consciencieux, dit à son maître :

« Monsieur le duc, si vous voulez, on vous volera encore quelque chose par-dessus le marché.

— Ah ! çà, marauds, ne volez que le chien, ou je vous roue de coups tout vifs, ajouta le duc en manière de réflexion patriarcale; Similor, vous avez trop de zèle. »

Giroflée, qui était un homme d'une prudence consommée, eut soin de se faire avancer par le duc la moitié de la somme, disant que l'argent est le nerf de la guerre, et qu'il faut en avoir même pour voler. Le duc, dont la confiance en la probité de Giroflée n'était pas des plus illimitées, fit d'abord la sourde oreille, mais enfin il se décida à donner les vingt-cinq louis. Giroflée, pour le consoler, lui fit un mémoire admirablement circonstancié d'après lequel il paraissait même devoir mettre de l'argent de sa poche.

MÉMOIRE DE GIROFLÉE.

Dix louis pour acheter un déshabillé gorge de pigeon à mademoiselle Beauveau, femme de chambre de la marquise et gardienne du petit chien Fanfreluche, afin de la disposer favorablement à l'égard de Giroflée et lui faciliter l'accès dans la maison.

Dix louis pour faire boire le Suisse et captiver sa confiance, afin qu'il ne s'opposât pas à la sortie du susdit Fanfreluche emporté par le susdit Giroflée.

Un louis de gimblettes, croquignoles, caramel, amandes, pralines et autres sucreries, destinées à affrioler et à corrompre la probité du bichon.

Plus quatre louis pour une petite chienne carline qui aiderait considérablement Giroflée dans ses projets de séduction.

Sur ce mémoire le délicat valet de chambre ne comptait pas son temps, sa peine, tant spirituelle que corporelle, et ce qu'il en faisait n'était que par pure affection envers M. le duc, pour qui il eût volontiers risqué les galères. Alcindor, touché d'un si beau dévouement, ne put s'empêcher de trouver que le mémoire était fort raisonnable.

Similor et Giroflée, après s'être partagé les vingt-cinq louis, se mirent en campagne avec une ardeur si incroyable qu'au premier coin de rue ils se sentirent une prodigieuse altération qui les força d'entrer dans un cabaret pour boire une bouteille ou deux. Mais leur soif ne se le tint pas pour dit, et ils furent obligés de faire venir deux autres bouteilles, ainsi de suite jusqu'au lendemain, de sorte que les jambes leur flageolaient un peu lorsqu'ils sortirent de ce lieu de délices, ce qui ne les empêcha pas d'aller faire une nouvelle station dans un nouveau cabaret à vingt pas de là, jusqu'à l'épuisement de leurs finances. Alors ils s'en furent sur le Pont-Neuf acheter un bichon assez conforme à Fanfreluche, qui leur coûta une pièce de 24 sous, et qu'ils apportèrent triomphalement au duc Alcindor.

IX.

LE FAUX FANFRELUCHE.

Alcindor fut on ne saurait plus satisfait de la célérité d'agir de Similor et de Giroflée; il possédait donc ce précieux bichon qui faisait tourner la tête à tant de jolies femmes, ce ravissant Fanfreluche qui avait fait pâlir l'étoile de l'abbé de V... ce délicat et curieux animal dont la marquise était plus fière que de son attelage de chevaux soupe au lait, de son chasseur haut de six pieds et demi, et de son jockei à fourrer dans la poche, qu'elle aimait plus que ses amants, son mari et ses enfants, plus que le whist et le reversi. Quelle allait être la joie d'Eliante en recevant le cher petit chien dans un corbillon doublé de soie et tout enrubanné de faveurs roses! Quels langoureux tours de prunelle, quels regards assassins, quels adorables petits sourires allaient être décochés sur l'heureux Alcindor, jusqu'au moment, sans doute très prochain, où sonnerait l'heure du berger si impatiemment attendue ! « Versac va en crever de rage, car, malgré ses airs détachés, je le soupçonne très fort d'être encore amouraché de la comtesse Eliante et de mener une intrigue sous main avec elle, » se dit Alcindor en faisant craquer ses doigts en signe de jubilation.

Le duc, pour ne pas perdre de temps, résolut d'aller porter le soir même à la jeune belle le Fanfreluche supposé dont il était loin de suspecter l'identité; la mine innocente de Similor et de Giroflée éloignaient du reste toute idée de fraude;

Alcindor était à cent lieues de supposer que ce chien pour lequel il avait donné vingt-cinq louis ne coûtait effectivement que vingt-quatre sous. La ressemblance était complète : pattes torses, nez retroussé, marque sur les yeux, queue en trompette ; deux gouttes d'eau, deux œufs ne sont pas plus pareils. Alcindor heureusement ne s'avisa pas de faire répéter le menuet au Sosie de Fanfreluche ; le bichon du Pont-Neuf, totalement étranger aux belles manières du grand monde, se fût trahi par la gaucherie et l'inexpérience de ses pas.

Alcindor, voulant soutenir avantageusement la concurrence avec Fanfreluche, fit une toilette extraordinaire ; son habit était de toile d'or, doublé de toile d'argent, avec des boutons de diamants disposés de manière à ce que chaque bouton formât une lettre de son nom ; un jabot de point de Venise valant mille écus, et noblement saupoudré de quelques grains de tabac d'Espagne, s'épanouissait majestueusement sur sa poitrine par l'hiatus d'une veste de velours mordoré ; sa jambe, emprisonnée dans un bas de soie blanc à coin d'or, se faisait remarquer par l'élégante rotondité du mollet et la finesse aristocratique des chevilles. Un soulier à talon rouge comprimait un pied déjà très petit naturellement; une frêle épée de baleine à fourreau de velours blanc, avec une garde de brillants, la pointe en haut, la poignée en bas, relevait fièrement la basque de son habit. Quant à sa culotte, j'avoue à regret que je n'ai pas pu constater assez sûrement de quelle étoffe elle était faite; il y a cependant lieu de croire qu'elle était de velours gris de perle; cependant je ne veux rien affirmer.

Quand Giroflée eut achevé de ramasser avec un couteau d'ivoire la poudre qui était attachée au front de M. le duc, il éprouva un mouvement d'orgueil ineffable en voyant son maître si bien habillé et si bien coiffé, et il courut prendre un miroir qu'il posa devant le duc. « Monsieur, je suis content de moi; vous êtes au mieux, et je ne crois pas que monsieur rencontre beaucoup de cruelles ce soir.

— Si monsieur avait la figure peinte en noir, il serait bien plus beau encore, mais il est bien comme cela, ajouta Similor toujours attentif à se maintenir en faveur et à ne pas se laisser dépasser en flagornerie par l'astucieux Giroflée.

— Similor, appelez Marmelade, » dit le duc. Marmelade parut; c'était un nègre de grande taille. « Faites atteler le carrosse. »

La voiture prête, le duc descendit en fredonnant un petit air; il portait à son cou, dans un petit corbillon, le faux Fanfreluche, avec la plus parfaite sécurité. L'équipage du duc était du meilleur goût et conforme au dernier patron de la mode : cocher énorme, bourgeonné, ivre-mort, avec la coiffure à l'oiseau royal, un lampion volumineux, des gants blancs, des guides blanches, un monstrueux collet de fourrure; des laquais à la mine convenablement insolente, portant des torches de cire, deux devant et trois derrière, le tout dans les règles les plus étroites. Le carrosse était sculpté et doré, avec les armoiries du duc sur les panneaux, et d'une magnificence tout-à-fait royale. Quatre grands mecklembourgeois, alezan brûlé, la crinière tressée et la queue nouée de rosettes aux couleurs du duc, traînaient cette volumineuse machine.

Alcindor, enchanté de lui-même et plein des plus flatteuses espérances, dit au cocher de toucher ses chevaux vivement et d'aller grand train. Le cocher, qui ne demandait pas mieux que de brûler le pavé, qui, pour un empire, n'aurait pas cédé le haut de la chaussée à personne, et qui eût coupé l'équipage d'un prince du sang, tant il était infatué de la dignité de sa place, lança ses quatre bêtes au plein galop, nonobstant les cris des bourgeois et autres misérables piétons qu'il couvrait malicieusement d'un déluge de boue. En quelques minutes on fut à la porte de l'hôtel d'Eliante.

Le duc monta et fit annoncer : « Il signor Fanfrelucio et le duc Alcindor. » Quoique Eliante ne fût pas visible, parce qu'elle s'habillait pour aller à l'Opéra, le nom magnifique de Fanfreluche, pareil au *Sésame, ouvre-toi,* des contes arabes, fit tourner les portes sur leurs gonds et tomber toutes les consignes.

Quand Eliante vit dans le corbillon suspendu au cou d'Alcindor le faux Fanfreluche, assis sur son derrière et levant le museau d'un air passablement inquiet, elle fit un petit cri aigu, et, frappant de plaisir dans ses deux mains, elle courut vers le duc et lui dit : « Alcindor, vous êtes charmant. »

Puis elle prit le bichon ébaubi de tant d'honneur et le baisa fort tendrement entre les deux yeux.

Alcindor ne fut nullement surpris de la préférence de la comtesse pour le bichon et attendit patiemment son tour. Nous avons oublié de dire qu'Eliante s'était levée si brusquement que son peignoir de batiste s'était dérangé de façon qu'Alcindor reconnut avec plaisir qu'il s'était abandonné à un mouvement de mauvaise humeur, et qu'Eliante n'avait pas de beau que les dents et les yeux.

« Madame, fit gracieusement le duc Alcindor, je ne suis pas le diable, je ne suis pas votre mari, je suis tout bonnement un homme qui vous adore. Voilà Fanfreluche ; souvenez-vous de ce que vous avez dit. »

Eliante donna un franc et loyal baiser au duc Alcindor ; mais vous savez qu'en fait de baiser avec les jolies femmes chacun se pique de générosité et ne veut pas garder le cadeau qu'on lui fait. Alcindor, qui n'était pas avare, rendit donc à Eliante son baiser considérablement revu et augmenté.

Heureusement que Fanchonnette entra fort à propos.

« Ayez la bonté de vous tenir un peu derrière ce paravent; dès qu'on m'aura mis mon corset l'on vous appellera.

— Venez, monsieur, c'est fait, » dit Fanchonnette.

Alcindor sortit de derrière son paravent.

Éliante était toute coiffée avec un œil de poudre, deux repentirs de chaque côté du col, un hérisson sur le haut de la tête, les sept pointes bien marquées, et des crêpes neigeux qui faisaient admirablement près de sa fraîche figure. Des plumes blanches posées en travers lui donnaient une physionomie agaçante et mutine. Bref, elle était suprêmement bien.

On lui mit sa robe; elle avait un panier de huit aunes de large. La jupe était relevée de nœuds et de papillons de diamants; sa robe de moire, rose-paille, du ton le plus tendre, flottait autour de sa taille de guêpe avec des plis riches et abondants; son corset, à demi fermé par une échelle de rubans, laissait entrevoir des beautés dignes des princes et des dieux ; elle n'avait d'ailleurs ni collier ni rivière ; Eliante savait trop bien que le cou distrairait du collier, et que chacun crierait au meurtre pour le moindre vol fait aux yeux ; pour tout ornement une seule petite rose pompon naturelle s'épanouissait à l'entrée de ce blanc paradis. Ses mules pareilles à sa robe auraient pu servir à une chinoise.

« Duc, j'ai une place dans ma loge, dit Eliante ; vous me reconduirez, » ajouta-t-elle en souriant.

Le duc Alcindor s'inclina respectueusement ; Eliante prit Fanfreluche Sosie dans son manchon, et l'on partit pour l'Opéra.

On donnait un ballet d'un chorégraphe à la mode ; la salle était comble ; depuis les loges de Clavecin jusqu'aux bonnets d'Évêque, toutes les places étaient prises. Ce chorégraphe excellait surtout à rendre le sentiment de l'amour par une suite de poses d'un dessin tout-à-fait voluptueux, sans jamais outrager la décence. La vivacité de cet impérieux sentiment qui soumet les dieux et les hommes se traduisait par des pas pleins de feu et des attitudes passionnées prises sur la nature. On applaudissait le gracieux Batylle et la pétillante Euphrosine comme ils le méritaient, c'est-à-dire à tout rompre; les vieux connaisseurs de l'orchestre avaient beau vanter aux jeunes gens la grâce noble et les poses majestueuses de la danseuse qui tenait auparavant ce chef d'emploi, on les traitait de radoteurs et personne ne voulait les écouter.

Alcindor, tout à sa conquête, ne prêtait qu'une très légère attention à ce qui se faisait sur la scène; Éliante était enivrée du bonheur de posséder Fanfreluche et de l'idée du désespoir de la marquise privée du bichon chéri.

Cependant les décorations étaient fort belles et méritaient des spectateurs plus attentifs.

On y voyait la grotte du dieu de l'onde, avec des madrépores, des coraux, des coquilles, des nacres de perle imités en perfection et du plus singulier éclat; un palais enchanté au-dessus de tout ce que les contes de fées renferment de plus opulent et de plus merveilleux, des descentes avec des gloires et des vols de machines admirablement exécutés. Mais Alcindor s'occupait d'Éliante, et Éliante s'occupait de Fanfreluche, et aussi un peu d'Alcindor, dont la mine et le riche habillement l'avaient frappée particulièrement le soir.

Pour le faux Fanfreluche, il faisait assez piteuse figure; il n'était pas accoutumé à se trouver en si bonne compagnie, et, les deux pattes appuyées sur le devant de la loge, il considérait tout d'un œil effaré.

Soudain, ô coup de théâtre inattendu ! la porte d'une loge s'ouvre avec fracas. Une dame, étincelante de pierreries, très décolletée, avec du rouge comme une princesse, en bel habit bien porté, se place avec deux ou trois jeunes seigneurs; c'est la marquise. Un petit chien sort la tête de son manchon, pose les pattes sur le devant de la loge avec un air d'impudence digne d'un duc et pair; c'est Fanfreluche, le vrai, le seul inimitable Fanfreluche.

Eliante l'aperçoit, ô revers du sort ! Elle lance au duc stupéfait un regard foudroyant; puis, suffoquée par l'émotion, elle se pâme et s'évanouit complétement. On la remporte chez elle, où l'on est plus d'une heure à la faire revenir; ni les sels d'Angleterre, ni l'eau du Carme, ni celle de la reine de Hongrie, ni les gouttes du général Lamothe, ni la plume brûlée et passée sous le nez ne peuvent la tirer de cet évanouissement, et si la menace de lui jeter de l'eau à la figure ne l'eût rappelée subitement à la vie, on aurait pu la croire véritablement morte. Alcindor est inconsolable.

Car Eliante ne veut plus le recevoir, et il se distrait de sa douleur en bâtonnant deux fois par jour Giroflée et Similor, que cette considération seule l'a empêché de chasser.

Cependant on prétend que quelques jours après il a reçu d'Éliante un petit billet ainsi conçu :

« Mon cher duc, j'ai cru que vous aviez voulu
« me tromper sciemment ; j'ai su depuis que vous
« aviez été vous-même la dupe de Similor et de
« Giroflée. Le bichon que vous m'avez donné ne
« manque pas de dispositions et ne demande qu'à
« être cultivé pour éclipser Fanfreluche; vous dan-
« sez comme un ange, voulez-vous être son maître
« à danser? Adieu, Alcindor. »

Deux mois après, le bichon Pistache, plus jeune, plus souple et plus gracieux, avait complétement effacé la gloire du bichon Fanfreluche, et Alcindor avait donné un bon coup d'épée au chevalier de Versac qui ne voulait pas que l'on allât sur ses brisées. Versac ne se releva pas de cet échec, et Alcindor devint décidément l'homme à la mode.

Lecteur grave et morose, pardonne ce précieux entortillage à quelqu'un qui se souvient peut-être trop d'avoir lu *Angola et le Grelot,* et dont la seule prétention a été de donner l'idée d'un style et d'une manière tout-à-fait tombés dans l'oubli.

LE NID DE ROSSIGNOLS.

LE NID DE ROSSIGNOLS.

———◆———

Autour du château il y avait un beau parc.

Dans le parc il y avait des oiseaux de toutes sortes : rossignols, merles, fauvettes ; tous les oiseaux de la terre s'étaient donné rendez-vous dans le parc.

Au printemps c'était un ramage à ne pas s'entendre; chaque feuille cachait un nid, chaque arbre était un orchestre. Tous les petits musiciens emplumés faisaient assaut à qui mieux mieux. Les uns pépiaient, les autres roucoulaient; ceux-ci faisaient des trilles et des cadences perlées, ceux-là découpaient des fioritures ou brodaient des points d'orgue : de véritables musiciens n'auraient pas si bien fait.

Mais dans le château il y avait deux belles cousines qui chantaient mieux à elles deux que tous les oiseaux du parc; l'une s'appelait Fleurette et l'autre Isabeau. Toutes deux étaient belles, désirables et bien en point, et les dimanches, quand elles avaient leurs belles robes, si leurs blanches épaules n'eussent pas montré qu'elles étaient de véritables filles, on les aurait prises pour des anges; il n'y manquait que les plumes. Quand elles chantaient, le vieux sire de Maulevrier, leur oncle, les tenait quelquefois par la main, de peur qu'il ne leur prît la fantaisie de s'envoler.

Je vous laisse à penser les beaux coups de lance qui se faisaient aux carrousels et aux tournois en l'honneur de Fleurette et d'Isabeau. Leur réputation de beauté et de talent avait fait le tour de l'Europe, et cependant elles n'en étaient pas plus fières; elles vivaient dans la retraite, ne voyant guère d'autres personnes que le petit page Valentin, bel enfant aux cheveux blonds, et le sire de Maulevrier, vieillard tout chenu, tout hâlé et tout cassé d'avoir porté soixante ans son harnais de guerre.

Elles passaient leur temps à jeter de la graine aux petits oiseaux, à dire leurs prières, et principalement à étudier les œuvres des maîtres, et à répéter ensemble quelque motet, madrigal, villanelle, ou telle autre musique; elles avaient aussi des fleurs qu'elles arrosaient et soignaient elles-mêmes. Leur vie s'écoulait dans ces douces et poétiques occupations de jeune fille; elles se tenaient dans l'ombre et loin des regards du monde, et cependant le monde s'occupait d'elles. Ni le rossignol ni la rose ne se peuvent cacher; leur chant et leur odeur les trahissent toujours. Nos deux cousines étaient à la fois deux rossignols et deux roses.

Il vint des ducs, des princes, pour les demander en mariage; l'empereur de Trébizonde et le soudan d'Égypte envoyèrent des ambassadeurs pour proposer leur alliance au sire de Maulevrier; les deux cousines ne se lassaient pas d'être filles et ne voulurent pas en entendre parler. Peut-être avaient-elles senti par un secret instinct que leur mission ici-bas était d'être filles et de chanter, et qu'elles y dérogeraient en faisant autre chose.

Elles étaient venues toutes petites dans ce manoir. La fenêtre de leur chambre donnait sur le parc, et elles avaient été bercées par le chant des oiseaux. A peine se tenaient-elles debout que le vieux Blondiau, ménétrier du sire, avait posé leurs petites mains sur les touches d'ivoire du virginal; elles n'avaient pas eu d'autre hochet et avaient su chanter avant de parler; elles chantaient comme les autres respirent : cela leur était naturel.

Cette éducation avait singulièrement influé sur leur caractère. Leur enfance harmonieuse les avait séparées de l'enfance turbulente et bavarde. Elles n'avaient jamais poussé un cri aigu ni une plainte discordante : elles pleuraient en mesure et gémissaient d'accord. Le sens musical, développé chez elles aux dépens des autres, les rendait peu sensibles à ce qui n'était pas musique. Elles flottaient dans un vague mélodieux, et ne percevaient presque le monde réel que par les sons. Elles comprenaient admirablement bien le bruissement du feuillage, le murmure des eaux, le tintement de l'horloge, le soupir du vent dans la cheminée, le bourdonnement du rouet, la goutte de pluie tombant sur la vitre frémissante, toutes les harmonies extérieures ou intérieures; mais elles n'éprouvaient pas, je dois le dire, un grand enthousiasme à la vue d'un soleil couchant, et elles étaient aussi peu en état d'apprécier une peinture que si leurs beaux yeux, bleus et noirs, eussent été couverts d'une taie épaisse. Elles avaient la maladie de la musique; elles en rêvaient, elles en perdaient le boire et le manger; elles n'aimaient rien autre chose au monde. Si fait, elles aimaient encore autre chose; c'était Valentin et leurs fleurs : Valentin, parce qu'il ressemblait aux roses; les roses, parce qu'elles ressemblaient à Valentin. Mais cet amour était tout-à-fait sur le second plan. Il est vrai que Valentin n'avait que treize ans. Leur plus grand plaisir était de chanter le soir à leur fenêtre la musique qu'elles avaient composée dans la journée.

Les maîtres les plus célèbres venaient de très loin pour les entendre et lutter avec elles. Ils n'avaient pas plus tôt écouté une mesure qu'ils brisaient leurs instruments et déchiraient leurs partitions en s'avouant vaincus. En effet, c'était une musique si agréable et si mélodieuse que les chérubins du ciel venaient à la croisée avec les autres musiciens et l'apprenaient par cœur pour la chanter au bon Dieu.

Un soir de mai les deux cousines chantaient un motet à deux voix ; jamais motif plus heureux n'avait été plus heureusement travaillé et rendu. Un rossignol du parc, tapi sur un rosier, les avait écoutées attentivement. Quand elles eurent fini, il s'approcha de la fenêtre et leur dit en son langage de rossignol : « Je voudrais faire un combat de chant avec vous. »

Les deux cousines répondirent qu'elles le voulaient bien et qu'il eût à commencer.

Le rossignol commença. C'était un maître rossignol. Sa petite gorge s'enflait, ses ailes battaient, tout son corps frémissait; c'étaient des roulades à n'en plus finir, des fusées, des arpèges, des gammes chromatiques; il montait et descendait, il filait les sons, il perlait les cadences avec une pureté désespérante; on eût dit que sa voix avait des ailes comme son corps. Il s'arrêta, certain d'avoir remporté la victoire.

Les deux cousines se firent entendre à leur tour; elles se surpassèrent. Le chant du rossignol semblait, auprès du leur, le gazouillement d'un passereau.

Le virtuose ailé tenta un dernier effort; il chanta une romance d'amour, puis il exécuta une fanfare brillante, qu'il couronna par une aigrette de notes hautes, vibrantes et aiguës, hors de la portée de toute voix humaine.

Les deux cousines, sans se laisser effrayer par ce tour de force, tournèrent le feuillet de leur livre de musique, et répliquèrent au rossignol de telle sorte que sainte Cécile, qui les écoutait du haut du ciel, en devint pâle de jalousie et laissa tomber sa contre-basse sur la terre.

Le rossignol essaya bien encore de chanter, mais

cette lutte l'avait totalement épuisé : l'haleine lui manquait, ses plumes étaient hérissées, ses yeux se fermaient malgré lui; il allait mourir!

« Vous chantez mieux que moi, dit-il aux deux cousines, et l'orgueil de vouloir vous surpasser me coûte la vie. Je vous demande une chose : J'ai un nid; dans ce nid il y a trois petits; c'est le troisième églantier, dans la grande allée du côté de la pièce d'eau; envoyez-les prendre, élevez-les et apprenez-leur à chanter comme vous, puisque je vais mourir. »

Ayant dit cela, le rossignol mourut. Les deux cousines le pleurèrent fort, car il avait bien chanté. Elles appelèrent Valentin, le petit page aux cheveux blonds, et lui dirent où était le nid. Valentin, qui était un malin petit drôle, trouva facilement la place; il mit le nid dans sa poitrine et l'apporta sans encombre. Fleurette et Isabeau, accoudées au balcon, l'attendaient avec impatience. Valentin arriva bientôt, tenant le nid dans ses deux mains. Les trois petits passaient la tête et ouvraient le bec tout grand. Les jeunes filles s'apitoyèrent sur ces petits orphelins, et leur donnèrent la becquée chacune à son tour. Quand ils furent un peu plus grands, elles commencèrent leur éducation musicale, comme elles l'avaient promis au rossignol vaincu.

C'était merveille de voir comme ils étaient privés, comme ils chantaient bien ; ils s'en allaient voletant par la chambre, et se perchaient tantôt sur la tête d'Isabeau, tantôt sur l'épaule de Fleurette. Ils se posaient devant le livre de musique, et l'on eût dit, en vérité, qu'ils savaient déchiffrer les notes, tant ils regardaient les blanches et les noires d'un air d'intelligence. Ils avaient appris tous les airs de Fleurette et d'Isabeau, et ils commençaient à en improviser eux-mêmes de fort jolis.

Les deux cousines vivaient de plus en plus dans la solitude, et le soir on entendait s'échapper de leur chambre des sons d'une mélodie surnaturelle. Les rossignols, parfaitement instruits, faisaient leur partie dans le concert, et ils chantaient presque aussi bien que leurs maîtresses, qui, elles-mêmes, avaient fait de grands progrès.

Leurs voix prenaient chaque jour un éclat extraordinaire, et vibraient d'une façon métallique et cristalline au-dessus des registres de la voix naturelle. Les jeunes filles maigrissaient à vue d'œil; leurs belles couleurs se fanaient; elles étaient devenues pâles comme des agates et presque aussi transparentes. Le sire de Maulevrier voulait les empêcher de chanter, mais il ne put gagner cela sur elles.

Aussitôt qu'elles avaient prononcé quelques mesures, une petite tache rouge se dessinait sur leurs pommettes, et s'élargissait jusqu'à ce qu'elles eussent fini; alors la tache disparaissait, mais une sueur froide coulait de leur peau, leurs lèvres tremblaient comme si elles eussent eu la fièvre.

Au reste, leur chant était plus beau que jamais; il avait quelque chose qui n'était pas de ce monde, et à entendre cette voix sonore et puissante sortir de ces deux frêles jeunes filles, il n'était pas difficile de prévoir ce qui arriverait, que la musique briserait l'instrument.

Elles le comprirent elles-mêmes, et se mirent à toucher leur virginal, qu'elles avaient abandonné pour la vocalisation. Mais une nuit, la fenêtre était ouverte, les oiseaux gazouillaient dans le parc, la brise soupirait harmonieusement ; il y avait tant de musique dans l'air qu'elles ne purent résister à la tentation d'exécuter un duo qu'elles avaient composé la veille.

Ce fut le chant du cygne, un chant merveilleux tout trempé de pleurs, montant jusqu'aux sommités les plus inaccessibles de la gamme, et redescendant l'échelle des notes jusqu'au dernier degré ; quelque chose d'étincelant et d'inouï, un déluge de trilles, une pluie embrasée de traits chromatiques, un feu d'artifice musical impossible à décrire ; mais cependant la petite tache rouge s'agrandissait singulièrement et leur couvrait presque toutes les joues. Les trois rossignols les regardaient et les écoutaient avec une singulière anxiété ; ils palpitaient des ailes, ils allaient et venaient, et ne se pouvaient tenir en place. Enfin, elles arrivèrent à la dernière phrase du morceau ; leur voix prit un caractère de sonorité si étrange qu'il était facile de comprendre que ce n'étaient plus des créatures vivantes qui chantaient. Les rossignols avaient pris la volée. Les deux cousines étaient mortes ; leurs âmes étaient parties avec la dernière note. Les rossignols montèrent droit au ciel pour porter ce chant suprême au bon Dieu, qui les garda tous dans son paradis pour lui exécuter la musique des deux cousines.

Le bon Dieu fit plus tard, avec ces trois rossignols, les âmes de Palestrina, de Cimarosa et du chevalier Gluck.

LA MORTE AMOUREUSE.

LA MORTE AMOUREUSE.

Vous me demandez, frère, si j'ai aimé; oui. C'est une histoire singulière et terrible, et quoique j'aie soixante-six ans, j'ose à peine remuer la cendre de ce souvenir. Je ne veux rien vous refuser, mais je ne ferais pas à une âme moins éprouvée un pareil récit. Ce sont des événements si étranges que je ne puis croire qu'ils me soient arrivés. J'ai été pendant plus de trois ans le jouet d'une illusion singulière et diabolique. Moi, pauvre prêtre de campagne, j'ai mené en rêve toutes les nuits (Dieu veuille que ce soit un rêve!) une vie de damné, une vie de mondain et de Sardanapale. Un seul regard trop plein de complaisance jeté sur une femme pensa causer la perte de mon âme; mais enfin, avec l'aide de Dieu et de mon saint patron, je suis parvenu à chasser l'esprit malin qui s'était emparé de moi. Mon existence s'était compliquée d'une existence nocturne entièrement différente; le jour, j'étais un prêtre du Seigneur, chaste, occupé de la prière et des choses saintes; la nuit, dès que j'avais fermé les yeux, je devenais un jeune seigneur, fin connaisseur en femmes, en chiens et en chevaux, jouant aux dés, buvant et blasphémant; et lorsqu'au lever de l'aube je me réveillais, il me semblait au contraire que je m'endormais et que je rêvais que j'étais prêtre. De cette vie somnambulique il m'est resté des souvenirs d'objets et de mots dont je ne puis pas me défendre, et, quoique je ne sois jamais sorti des murs de mon presbytère, on dirait plutôt, à m'entendre, un homme ayant usé de tout et revenu du monde, qui est entré en religion et qui veut finir dans le sein de Dieu des jours trop agités, que d'un humble séminariste qui a vieilli dans une cure ignorée, au fond d'un bois et sans aucun rapport avec les choses du siècle.

Oui, j'ai aimé comme personne au monde n'a aimé, d'un amour insensé et furieux, si violent que je suis étonné qu'il n'ait pas fait éclater mon cœur. Ah! quelles nuits! quelles nuits!

Dès ma plus tendre enfance je m'étais senti de la vocation pour l'état de prêtre; aussi toutes mes études furent-elles dirigées dans ce sens-là, et ma vie, jusqu'à vingt-quatre ans, ne fut-elle qu'un long noviciat. Ma théologie achevée, je passai successivement par tous les petits ordres, et mes supérieurs me jugèrent digne, malgré ma grande jeunesse, de franchir le dernier et redoutable degré. Le jour de mon ordination fut fixé à la semaine de Pâques.

Je n'avais jamais été dans le monde; le monde, c'était pour moi l'enclos du collége et du séminaire. Je savais vaguement qu'il y avait quelque chose que l'on appelait femme, mais je n'y arrêtais pas ma pensée; j'étais d'une innocence parfaite. Je ne voyais ma mère vieille et infirme que deux fois l'an. C'étaient là toutes mes relations avec le dehors.

Je ne regrettais rien, je n'éprouvais pas la moindre hésitation devant cet engagement irrévocable; j'étais plein de joie et d'impatience. Jamais jeune fiancé n'a compté les heures avec une ardeur plus fiévreuse; je n'en dormais pas, je rêvais que je disais la messe; être prêtre, je ne voyais rien de plus beau au monde! j'aurais refusé d'être roi ou poëte. Mon ambition ne concevait pas au-delà.

Ce que je dis là est pour vous montrer combien ce qui m'est arrivé ne devait pas m'arriver, et de quelle fascination inexplicable j'ai été la victime.

Le grand jour venu, je marchai à l'église d'un pas si léger qu'il me semblait que je fusse soutenu en l'air ou que j'eusse des ailes aux épaules. Je me croyais un ange et je m'étonnais de la physionomie sombre et préoccupée de mes compagnons; car nous étions plusieurs. J'avais passé la nuit en prière, et j'étais dans un état qui touchait presque à l'extase. L'évêque, vieillard vénérable, me paraissait Dieu le Père penché sur son éternité, et je voyais le ciel à travers les voûtes du temple.

Vous savez les détails de cette cérémonie : la bénédiction, la communion sous les deux espèces, l'onction de la paume des mains avec l'huile des catéchumènes, et enfin le saint sacrifice offert de concert avec l'évêque. Je ne m'appesantirai pas sur cela. Oh ! que Job a raison, et que celui-là est imprudent qui ne conclut pas un pacte avec ses yeux ! Je levai par hasard ma tête, que j'avais jusque-là tenue inclinée, et j'aperçus devant moi, si près que j'aurais pu la toucher, quoique en réalité elle fût à une assez grande distance et de l'autre côté de la balustrade, une jeune femme d'une beauté rare et vêtue avec une magnificence royale. Ce fut comme si des écailles me tombaient des prunelles. J'éprouvai la sensation d'un aveugle qui recouvrerait subitement la vue. L'évêque, si rayonnant tout à l'heure, s'éteignit tout à coup, les cierges pâlirent sur leurs chandeliers d'or comme les étoiles au matin, et il se fit par toute l'église une complète obscurité. La charmante créature se détachait sur ce fond d'ombre comme une révélation angélique ;

elle semblait éclairée d'elle-même et donner le jour plutôt que de le recevoir.

Je baissai la paupière, bien résolu à ne plus la relever pour me soustraire à l'influence des objets extérieurs; car la distraction m'envahissait de plus en plus, et je savais à peine ce que je faisais.

Une minute après je rouvris les yeux, car à travers mes cils je la voyais étincelante des couleurs du prisme, et dans une pénombre pourprée comme lorsqu'on regarde le soleil.

Oh! comme elle était belle! Les plus grands peintres, lorsque, poursuivant dans le ciel la beauté idéale, ils ont rapporté sur la terre le divin portrait de la madone, n'approchent même pas de cette fabuleuse réalité. Ni les vers du poëte, ni la palette du peintre n'en peuvent donner une idée. Elle était assez grande, avec une taille et un port de déesse; ses cheveux, d'un blond doux, se séparaient sur le haut de sa tête et coulaient sur ses tempes comme deux fleuves d'or; on aurait dit une reine avec son diadème; son front, d'une blancheur bleuâtre et transparente, s'étendait large et serein sur les arcs de deux cils presque bruns; singularité qui ajoutait encore à l'effet de prunelles vert de mer d'une vivacité et d'un éclat insoutenables. Quels yeux! avec un éclair ils décidaient de la destinée d'un homme; ils avaient une vie, une limpidité, une ardeur, une humidité brillante que je n'ai jamais vues à un œil humain; il s'en échappait des rayons pareils à des flèches et que je voyais distinctement aboutir à mon cœur. Je ne sais si la flamme qui les illuminait venait du ciel ou de l'enfer, mais à coup sûr elle venait de l'un ou de l'autre. Cette femme était un ange ou un démon, et peut-être tous les deux; elle ne sortait certainement pas du flanc d'Ève, la mère commune. Des dents de la plus belle eau scintillaient dans son rouge sourire, et de petites fossettes se creusaient à chaque inflexion de sa bouche dans le satin rose de ses adorables joues. Pour son nez, il était d'une finesse et d'une fierté toute royale, et décelait la plus noble origine. Des luisants d'agate jouaient sur la peau unie et lustrée de ses épaules à demi découvertes, et des rangs de grosses perles blondes, d'un ton presque semblable à son cou, lui descendaient sur la poitrine. De temps en temps elle redressait sa tête avec un mouvement onduleux de couleuvre ou de paon qui se rengorge, et imprimait un léger frisson à la haute fraise brodée à jour qui l'entourait comme un treillis d'argent.

Elle portait une robe de velours nacarat, et de ses larges manches doublées d'hermine sortaient des mains patriciennes d'une délicatesse infinie, aux doigts longs et potelés, et d'une si idéale transparence qu'ils laissaient passer le jour comme ceux de l'aurore.

Tous ces détails me sont encore aussi présents que s'ils dataient d'hier, et, quoique je fusse dans un trouble extrême, rien ne m'échappait; la plus légère nuance, le petit point noir au coin du menton, l'imperceptible duvet aux commissures des lèvres, le velouté du front, l'ombre tremblante des cils sur les joues; je saisissais tout avec une lucidité étonnante.

A mesure que je la regardais je sentais s'ouvrir dans moi des portes qui jusqu'alors avaient été fermées; des soupiraux obstrués se débouchaient dans tous les sens et laissaient entrevoir des perspectives inconnues; la vie m'apparaissait sous un aspect tout autre : je venais de naître à un nouvel ordre d'idées. Une angoisse effroyable me tenaillait le cœur; chaque minute qui s'écoulait me semblait une seconde et un siècle. La cérémonie avançait cependant, et j'étais emporté bien loin du monde dont mes désirs naissants assiégeaient furieusement l'entrée. Je dis oui cependant lorsque je voulais dire non, lorsque tout en moi se révoltait et protestait contre la violence que ma langue faisait à mon âme : une force occulte m'arrachait malgré moi les mots du gosier. C'est là peut-être ce qui fait que tant de jeunes filles marchent à l'autel avec la ferme résolution de refuser d'une manière éclatante l'époux qu'on leur impose, et que pas une seule n'exécute son projet. C'est là sans doute ce qui fait que tant de pauvres novices prennent le voile, quoique bien décidées à le déchirer en pièces au moment de prononcer leurs vœux. On n'ose causer un tel scandale devant tout le monde ni tromper l'attente de tant de personnes; toutes ces volontés, tous ces regards semblent peser sur vous comme une chappe de plomb; et puis les mesures sont si bien prises, tout est si bien réglé à l'avance, d'une façon si évidemment irrévocable, que la pensée cède au poids de la chose et s'affaisse complétement.

Le regard de la belle inconnue changeait d'expression selon le progrès de la cérémonie. De tendre et caressant qu'il était d'abord il prit un air de dédain et de mécontentement comme de ne pas avoir été compris.

Je fis un effort suffisant pour arracher une montagne, pour m'écrier que je ne voulais pas être prêtre; mais je ne pus en venir à bout; ma langue resta clouée à mon palais, et il me fut impossible de traduire ma volonté par le plus léger mouvement négatif. J'étais, tout éveillé, dans un état pareil à celui du cauchemar, où l'on veut crier un mot dont votre vie dépend, sans en pouvoir venir à bout.

Elle parut sensible au martyre que j'éprouvais, et, comme pour m'encourager, elle me lança une œillade pleine de divines promesses. Ses yeux étaient un poëme dont chaque regard formait un chant.

Elle me disait :

« Si tu veux être à moi je te ferai plus heureux que Dieu lui-même dans son paradis; les anges te jalouseront. Déchire ce funèbre linceul où tu vas t'envelopper; je suis la beauté, je suis la jeunesse, je suis la vie; viens à moi, nous serons l'amour. Que pourrait t'offrir Jéhovah pour compensation? Notre existence coulera comme un rêve et ne sera qu'un baiser éternel.

« Répands le vin de ce calice et tu es libre. Je t'emmènerai vers les îles inconnues; tu dormiras sur mon sein, dans un lit d'or massif et sous un pavillon d'argent; car je t'aime et je veux te prendre à ton Dieu, devant qui tant de nobles cœurs répandent des flots d'amour qui n'arrivent pas jusqu'à lui. »

Il me semblait entendre ces paroles sur un rhythme d'une douceur infinie, car son regard avait presque de la sonorité, et les phrases que ses yeux m'envoyaient retentissaient au fond de mon cœur comme si une bouche invisible les eût soufflées dans mon âme. Je me sentais prêt à renoncer à Dieu, et cependant mon cœur accomplissait machinalement les formalités de la cérémonie. La belle me jeta un second coup d'œil si suppliant, si désespéré, que des lames acérées me traversèrent le cœur, que je me sentis plus de glaives dans la poitrine que la mère de douleurs.

C'en était fait, j'étais prêtre.

Jamais physionomie humaine ne peignit une angoisse aussi poignante; la jeune fille qui voit tomber son fiancé mort subitement à côté d'elle, la mère auprès du berceau vide de son enfant, Ève assise sur le seuil de la porte du paradis, l'avare qui trouve une pierre à la place de son trésor, le poëte qui a laissé rouler dans le feu le manuscrit unique de son plus bel ouvrage, n'ont point un air plus attéré et plus inconsolable. Le sang abandonna complétement sa charmante figure, et elle devint d'une blancheur de marbre; ses beaux bras tombèrent le long de son corps comme si les muscles en avaient été dénoués, et elle s'appuya contre un pilier, car ses jambes fléchissaient et se dérobaient sous elle. Pour moi, livide, le front inondé d'une sueur plus sanglante que celle du Calvaire, je me dirigeai en chancelant vers la porte de l'église; j'étouffais; les voûtes s'aplatissaient sur mes épaules, et il me semblait que ma tête soutenait seule tout le poids de la coupole.

Comme j'allais franchir le seuil, une main s'empara brusquement de la mienne ; une main de femme ! Je n'en avais jamais touché. Elle était froide comme la peau d'un serpent, et l'empreinte m'en resta brûlante comme la marque d'un fer rouge. C'était elle. « Malheureux ! malheureux ! qu'as-tu fait? » me dit-elle à voix basse ; puis elle disparut dans la foule.

Le vieil évêque passa ; il me regarda d'un air sévère. Je faisais la plus étrange contenance du monde ; je pâlissais, je rougissais, j'avais des éblouissements. Un de mes camarades eut pitié de moi, il me prit et m'emmena ; j'aurais été incapable de retrouver tout seul le chemin du séminaire. Au détour d'une rue, pendant que le jeune prêtre tournait la tête d'un autre côté, un page nègre, bizarrement vêtu, s'approcha de moi, et me remit, sans s'arrêter dans sa course, un petit portefeuille à coins d'or ciselés, en me faisant signe de le cacher ; je le fis glisser dans ma manche et l'y tins jusqu'à ce que je fusse seul dans ma cellule. Je fis sauter le fermoir, il n'y avait que deux feuilles avec ces mots : « Clarimonde, au palais Concini. » J'étais alors si peu au courant des choses de la vie que je ne connaissais pas Clarimonde, malgré sa célébrité, et que j'ignorais complétement où était situé le palais Concini. Je fis mille conjectures, plus extravagantes les unes que les autres; mais à la vérité, pourvu que je pusse la revoir, j'étais fort peu inquiet de ce qu'elle pouvait être, grande dame ou courtisane.

Cet amour né tout à l'heure s'était indestructiblement enraciné; je ne songeai même pas à essayer de l'arracher, tant je sentais que c'était la chose impossible. Cette femme s'était complétement emparée de moi, un seul regard avait suffi pour me changer; elle m'avait soufflé sa volonté; je ne vivais plus dans moi, mais dans elle et par elle. Je faisais mille extravagances, je baisais sur ma main la place qu'elle avait touchée, et je répétais son nom des heures entières. Je n'avais qu'à fermer les yeux pour la voir aussi distinctement que si elle eût été présente en réalité, et je me redisais ces mots, qu'elle m'avait dits sous le portail de l'église : « Malheureux ! malheureux ! qu'as-tu fait? » Je comprenais toute l'horreur de ma situation, et les côtés funèbres et terribles de l'état que je venais d'embrasser se révélaient clairement à moi. Être prêtre! c'est-à-dire chaste, ne pas aimer, ne distinguer ni le sexe ni l'âge; se détourner de toute beauté, se crever les yeux! ramper sous l'ombre glaciale d'un cloître ou d'une église, ne voir que des mourants, veiller auprès de cadavres inconnus et porter soi-même son deuil sur sa soutane noire, de sorte que l'on peut faire de votre habit un drap pour votre cercueil!

Et je sentais la vie monter en moi comme un lac intérieur qui s'enfle et qui déborde; mon sang battait avec force dans mes artères; ma jeunesse, si longtemps comprimée, éclatait tout d'un coup comme l'aloès qui met cent ans à fleurir et qui éclot avec un coup de tonnerre.

Comment faire pour revoir Clarimonde? Je n'avais aucun prétexte pour sortir du séminaire, ne connaissant personne dans la ville; je n'y devais même pas rester, et j'y attendais seulement que l'on me désignât la cure que je devais occuper. J'essayai de desceller les barreaux de la fenêtre; mais elle était à une hauteur effrayante, et n'ayant pas d'échelle il n'y fallait pas penser. Et d'ailleurs, je ne pouvais descendre que de nuit; et comment me serais-je conduit dans l'inextricable dédale des rues? Toutes ces difficultés, qui n'eussent rien été pour d'autres, étaient immenses pour moi, pauvre séminariste, amoureux d'hier, sans expérience, sans argent et sans habits.

Ah! si je n'eusse pas été prêtre, j'aurais pu la voir tous les jours; j'aurais été son amant, son époux, me disais-je dans mon aveuglement; au lieu d'être enveloppé dans ce triste suaire, j'aurais des habits de soie et de velours, des chaînes d'or, une épée et des plumes comme les beaux jeunes cavaliers. Mes cheveux, au lieu d'être déshonorés par une large tonsure, se joueraient autour de mon cou en boucles ondoyantes. J'aurais une belle moustache cirée, je serais un vaillant. Mais une heure passée devant un autel, quelques paroles à peine articulées, me retranchaient à tout jamais du nombre des vivants; et j'avais scellé moi-même la pierre de mon tombeau, j'avais poussé de ma main le verrou de ma prison!

Je me mis à la fenêtre. Le ciel était admirablement bleu, les arbres avaient mis leur robe de printemps; la nature faisait parade d'une joie ironique. La place était pleine de monde; les uns allaient, les autres venaient; de jeunes muguets et de jeunes beautés, couple par couple, se dirigeaient du côté du jardin et des tonnelles. Des compagnons passaient en chantant des refrains à boire; c'était un mouvement, une vie, un entrain, une gaîté qui faisaient péniblement ressortir mon deuil et ma solitude. Une jeune mère, sur le pas de la porte, jouait avec son enfant; elle baisait sa petite bouche rose, encore emperlée de gouttes de lait, et lui faisait, en l'agaçant, mille de ces divines puérilités que les mères seules savent trouver. Le père, qui se tenait debout à quelque distance, souriait doucement à ce charmant groupe, et ses bras croisés pressaient sa joie sur son cœur. Je ne pus supporter ce spectacle; je fermai la fenêtre et je me jetai sur mon lit avec une haine et une jalousie effroyables dans le cœur, mordant mes doigts et ma couverture comme un tigre à jeun depuis trois jours.

Je ne sais pas combien de jours je restai ainsi;

mais en me retournant dans un mouvement de spasme furieux, j'aperçus l'abbé Sérapion qui se tenait debout au milieu de la chambre et qui me considérait attentivement. J'eus honte de moi-même, et, laissant tomber ma tête sur ma poitrine, je voilai mes yeux avec mes mains.

« Romuald, mon ami, il se passe quelque chose d'extraordinaire en vous, me dit Sérapion au bout de quelques minutes de silence; votre conduite est vraiment inexplicable! Vous, si pieux, si calme et si doux, vous vous agitez dans votre cellule comme une bête fauve. Prenez garde, mon frère, et n'écoutez pas les suggestions du diable; l'esprit malin, irrité de ce que vous vous êtes à tout jamais consacré au Seigneur, rôde autour de vous comme un loup ravissant et fait un dernier effort pour vous attirer à lui. Au lieu de vous laisser abattre, mon cher Romuald, faites-vous une cuirasse de prières, un bouclier de mortifications, et combattez vaillamment l'ennemi; vous le vaincrez. L'épreuve est nécessaire à la vertu et l'or sort plus fin de la coupelle. Ne vous effrayez ni ne vous découragez; les âmes les mieux gardées et les plus affermies ont eu de ces moments. Priez, jeûnez, méditez, et le mauvais esprit se retirera. »

Le discours de l'abbé Sérapion me fit rentrer en moi-même, et je devins un peu plus calme. « Je venais vous annoncer votre nomination à la cure de C***; le prêtre qui la possédait vient de mourir, et monseigneur l'évêque m'a chargé d'aller vous y installer; soyez prêt pour demain. » Je répondis d'un signe de tête que je le serais, et l'abbé se retira. J'ouvris mon Missel et je commençai à lire des prières; mais ces lignes se confondirent bientôt sous mes yeux; le fil des idées s'enchevêtra dans mon cerveau, et le volume me glissa des mains sans que j'y prisse garde.

Partir demain sans l'avoir revue! ajouter encore une impossibilité à toutes celles qui étaient déjà entre nous! Perdre à tout jamais l'espérance de la rencontrer, à moins d'un miracle! Lui écrire! par qui ferai-je parvenir ma lettre? Avec le sacré caractère dont j'étais revêtu, à qui s'ouvrir, se fier? J'éprouvais une anxiété terrible. Puis, ce que l'abbé Sérapion m'avait dit des artifices du diable me revenait en mémoire; l'étrangeté de l'aventure, la beauté surnaturelle de Clarimonde, l'éclat phosphorique de ses yeux, l'impression brûlante de sa main, le trouble où elle m'avait jeté, le changement subit qui s'était opéré en moi, ma piété évanouie en un instant, tout cela prouvait clairement la présence du diable, et cette main satinée n'était peut-être que le gant dont il avait recouvert sa griffe. Ces idées me jetèrent dans une grande frayeur, et je ramassai le Missel qui de mes genoux était roulé à terre, et je me remis en prières.

Le lendemain Sérapion me vint prendre; deux mules nous attendaient à la porte, chargées de nos maigres valises; il monta l'une et moi l'autre, tant bien que mal. Tout en parcourant les rues de la ville, je regardais à toutes les fenêtres et à tous les balcons si je ne verrais pas Clarimonde; mais il était trop matin, et la ville n'avait pas encore ouvert les yeux. Mon regard tâchait de plonger derrière les stores et à travers les rideaux de tous les palais devant qui nous passions. Sérapion attribuait sans doute cette curiosité à l'admiration que me causait la beauté de l'architecture, car il ralentissait le pas de sa monture pour me donner le temps de voir. Enfin nous arrivâmes à la porte de la ville et nous commençâmes à gravir la colline. Quand je fus tout en haut, je me retournai pour regarder une fois encore les lieux où vivait Clarimonde. L'ombre d'un nuage couvrait entièrement la ville ; ses toits bleus et rouges étaient confondus dans une demi-teinte générale où surnageaient çà et là, comme de blancs flocons d'écume, les fumées du matin. Par un singulier effet d'optique, se dessinait, blond et doré sous un rayon unique de lumière, un édifice qui surpassait en hauteur les constructions voisines, complétement noyées dans la vapeur ; quoiqu'il fût à plus d'une lieue, il paraissait tout proche. On en distinguait les moindres détails ; les tourelles, les plates-formes, les croisées, et jusqu'aux girouettes en queue d'aronde.

« Quel est donc ce palais que je vois tout là-bas éclairé d'un rayon du soleil ? » demandai-je à Sérapion. Il mit sa main au-dessus de ses yeux, et, ayant regardé, il me répondit : « C'est l'ancien palais que le prince Concini a donné à la courtisane

Clarimonde; il s'y passe d'épouvantables choses. »

En ce moment, je ne sais encore si c'est une réalité ou une illusion, je crus voir y glisser sur la terrasse une forme svelte et blanche qui étincela une seconde et s'éteignit. C'était Clarimonde.

Oh! savait-elle qu'à cette heure, du haut de cet âpre chemin qui m'éloignait d'elle, et que je ne devrais plus redescendre, ardent et inquiet, je couvais de l'œil le palais qu'elle habitait, et qu'un jeu dérisoire de lumière semblait rapprocher de moi, comme pour m'inviter à y entrer en maître. Sans doute elle le savait, car son âme était trop sympathiquement liée à la mienne pour n'en point ressentir les moindres ébranlements, et c'était ce sentiment qui l'avait poussée, encore enveloppée de ses voiles de nuit, à monter sur le haut de la terrasse, dans la glaciale rosée du matin.

L'ombre gagna le palais, et ce ne fut plus qu'un océan immobile de toits et de combles où l'on ne distinguait rien qu'une ondulation montueuse. Sérapion toucha sa mule, dont la mienne prit aussitôt l'allure, et un coude du chemin me déroba pour toujours la ville de S..., car je n'y devais pas revenir. Au bout de trois journées de route par des campagnes assez tristes, nous vîmes poindre à travers les arbres le coq du clocher de l'église que je devais desservir; et, après avoir suivi quelques rues tortueuses bordées de chaumières et des courtils, nous nous trouvâmes devant la façade, qui n'était pas d'une grande magnificence. Un porche orné de quelques nervures et de deux ou trois piliers de grès grossièrement taillés, un toit en tuile et des contreforts du même grès que les piliers, c'était tout; à gauche le cimetière tout plein de hautes herbes, avec une grande croix de fer au milieu; à droite et dans l'ombre de l'église le presbytère. C'était une maison d'une simplicité extrême et d'une propreté aride. Nous entrâmes; quelques poules picotaient sur la terre de rares grains d'avoine; accoutumées apparemment à l'habit noir des ecclésiastiques, elles ne s'effarouchèrent point de notre présence et se dérangèrent à peine pour nous laisser passer. Un aboi éraillé et enroué se fit entendre, et nous vîmes accourir un vieux chien.

C'était le chien de mon prédécesseur. Il avait

l'œil terne, le poil gris et tous les symptômes de la plus haute vieillesse où puisse atteindre un chien. Je le flattai doucement de la main, et il se mit aussitôt à marcher à côté de moi avec un air de satisfaction inexprimable. Une femme assez âgée, et qui avait été la gouvernante de l'ancien curé, vint aussi à notre rencontre, et, après m'avoir fait entrer dans une salle basse, me demanda si mon intention était de la garder. Je lui répondis que je la garderais, elle et le chien, et aussi les poules, et tout le mobilier que son maître lui avait laissé à sa mort ; ce qui la fit entrer dans un transport de joie, l'abbé Sérapion lui ayant donné sur-le-champ le prix qu'elle en voulait.

Mon installation faite, l'abbé Sérapion retourna au séminaire. Je demeurai donc seul et sans autre appui que moi-même. La pensée de Clarimonde recommença à m'obséder, et quelques efforts que je fisse pour la chasser, je n'y parvenais pas toujours. Un soir, en me promenant dans les allées bordées de buis de mon petit jardin, il me sembla voir à travers la charmille une forme de femme qui suivait tous mes mouvements, et entre les feuilles étinceler les deux prunelles vert de mer ; mais ce n'était qu'une illusion, et, ayant passé de l'autre côté de l'allée, je n'y trouvai rien qu'une trace de pied sur le sable, si petit qu'on eût dit un pied d'enfant. Le jardin était entouré de murailles très hautes ; j'en visitai tous les coins et recoins, il n'y avait personne. Je n'ai jamais pu m'expliquer cette circonstance qui, du reste, n'était rien à côté des étranges choses qui me devaient arriver. Je vivais ainsi depuis un an, remplissant avec exactitude les devoirs de mon état, priant, jeûnant, exhortant et secourant les malades, faisant l'aumône jusqu'à me retrancher les nécessités les plus indispensables. Mais je sentais au dedans de moi une aridité extrême, et les sources de la grâce m'étaient fermées. Je ne jouissais pas de ce bonheur que donne l'accomplissement d'une sainte mission ; mon idée était ailleurs, et les paroles de Clarimonde me revenaient souvent sur les lèvres comme une espèce de refrain involontaire. O frère, méditez bien ceci! Pour avoir levé une seule fois le regard sur une femme, pour une faute en apparence si légère, j'ai éprouvé pendant plusieurs années les plus misérables agitations; ma vie a été troublée à tout jamais.

Je ne vous retiendrai pas plus longtemps sur ces défaites et sur ces victoires intérieures toujours suivies de rechutes plus profondes, et je passerai sur-le-champ à une circonstance décisive. Une nuit l'on sonna violemment à ma porte. La vieille gouvernante fut ouvrir, et un homme au teint cuivré et richement vêtu, mais selon une mode étrangère, avec un long poignard, se dessina sous les rayons de la lanterne de Barbara. Son premier mouvement fut la frayeur ; mais l'homme la rassura et lui dit qu'il avait besoin de me voir sur-le-champ pour quelque chose qui concernait mon ministère. Barbara le fit monter. J'allais me mettre au lit. L'homme me dit que sa maîtresse, une très grande dame, était à l'article de la mort et désirait un prêtre. Je répondis que j'étais prêt à le suivre ; je pris avec moi ce qu'il fallait pour l'extrême-onction et je descendis en toute hâte. A la porte piaffaient d'impatience deux chevaux noirs comme la nuit, et soufflant sur leur poitrail deux longs flots de fumée. Il me tint l'étrier et m'aida à monter sur l'un, puis il sauta sur l'autre en appuyant seulement une main sur le pommeau de la selle. Il serra les genoux et lâcha les guides à son cheval qui partit comme la flèche. Le mien, dont il tenait la bride, prit aussi le galop et se maintint dans une égalité parfaite. Nous dévorions le chemin; la terre filait sous nous grise et rayée, et les silhouettes noires des arbres s'enfuyaient comme une armée en déroute. Nous traversâmes une forêt d'un sombre si opaque et si glacial que je me sentis courir sur la peau un frisson de superstitieuse terreur. Les aigrettes d'étincelles que les fers de nos chevaux arrachaient aux cailloux laissaient sur notre passage comme une traînée de feu, et si quelqu'un, à cette heure de nuit, nous eût vus, mon conducteur et moi, il nous eût pris pour deux spectres à cheval sur le cauchemar. Des feux follets traversaient de temps en temps le chemin, et les choucas piaulaient piteusement dans l'épaisseur du bois où brillaient de loin en loin les yeux phosphoriques de quelques chats sauvages. La crinière des chevaux s'échevelait de plus en plus, la sueur ruisselait sur leurs flancs, et leur haleine sortait bruyante et pressée de leurs narines. Mais quand il les voyait faiblir, l'écuyer pour les ranimer poussait un cri guttural qui n'avait rien d'humain, et la course recommençait avec furie. Enfin le tourbillon s'arrêta; une masse noire piquée de quelques points brillants se dressa subitement devant nous; les pas de nos montures sonnèrent plus bruyants sur un plancher ferré, et nous entrâmes sous une voûte qui ouvrait sa gueule sombre entre deux énormes tours. Une grande agitation régnait dans le château; des domestiques avec des torches à la main traversaient les cours en tous sens, et des lumières montaient et descendaient de palier en palier. J'entrevis confusément d'immenses architectures, des colonnes, des arcades, des perrons et des rampes, un luxe de construction tout-à-fait royal et féerique. Un page nègre, le même qui m'avait donné les tablettes de Clarimonde et que je reconnus à l'instant, me vint aider à descendre, et un majordome, vêtu de velours noir avec une chaîne d'or au col et une canne d'ivoire à la main, s'avança au-devant de moi. De grosses larmes débordaient de ses yeux et coulaient le long de ses joues sur sa barbe blanche.

« Trop tard ! fit-il en hochant la tête, trop tard ! seigneur prêtre ; mais si vous n'avez pu sauver l'âme, venez veiller le pauvre corps. » Il me prit par le bras et me conduisit à la salle funèbre ; je pleurais aussi fort que lui, car j'avais compris que la morte n'était autre que cette Clarimonde tant et si follement aimée. Un prie-Dieu était disposé à côté du lit ; une flamme bleuâtre voltigeant sur une patère de bronze jetait par toute la chambre un jour faible et douteux, et çà et là faisait papilloter dans l'ombre quelque arête saillante de meubles ou de corniches. Sur la table, dans une urne ciselée, trempait une rose blanche fanée dont les feuilles, à l'exception d'une seule qui tenait encore, étaient toutes tombées au pied du vase comme des larmes odorantes ; un masque noir brisé, un éventail, des déguisements de toute espèce, traînaient sur les fauteuils et faisaient voir que la mort était arrivée dans cette somptueuse demeure à l'improviste et sans se faire annoncer. Je m'agenouillai sans oser jeter les yeux sur le lit, et je me mis à réciter les psaumes avec une grande ferveur, remerciant Dieu qu'il eût mis la tombe entre l'idée de cette femme et moi, pour que je pusse ajouter à mes prières son nom désormais sanctifié. Mais peu à peu cet élan se ralentit, et je tombai en rêverie. Cette chambre n'avait rien d'une chambre de mort. Au lieu de l'air fétide et cadavéreux que j'étais accoutumé à respirer en ces veilles funèbres, une langoureuse fumée d'essences orientales, je ne sais quelle amoureuse odeur de femme, nageait doucement dans l'air attiédi. Cette pâle lueur avait plutôt l'air d'un demi-jour ménagé pour la volupté que de la veilleuse au reflet jaune qui tremblotte près des cadavres. Je songeais au singulier hasard qui m'avait fait retrouver Clarimonde au moment où je la perdais pour toujours, et un soupir de regret s'échappa de ma poitrine. Il me sembla qu'on avait soupiré aussi derrière moi, et je me retournai involontairement. C'était l'écho. Dans ce mouvement mes yeux tombèrent sur le lit de parade qu'ils avaient jusqu'alors évité. Les rideaux de damas rouge à grandes fleurs, relevés par des torsades d'or, laissaient voir la morte couchée tout de son long et les mains jointes sur la poitrine. Elle était couverte d'un voile de lin d'une blancheur éblouissante que le pourpre sombre de la tenture faisait encore mieux ressortir, et d'une telle finesse qu'il ne dérobait en rien la forme charmante de son corps et permettait de suivre ces belles lignes onduleuses comme le cou d'un cygne que la mort même n'avait pu roidir. On eût dit une statue d'albâtre faite par quelque sculpteur habile pour mettre sur un tombeau de reine, ou encore une jeune fille endormie sur qui il aurait neigé.

Je ne pouvais plus y tenir; cet air d'alcôve m'enivrait, cette fébrile senteur de rose à demi fanée me montait au cerveau, et je marchais à grands pas dans la chambre, m'arrêtant à chaque tour devant l'estrade pour considérer la gracieuse trépassée sous la transparence de son linceul. D'étranges pensées me traversaient l'esprit; je me figurais qu'elle n'était point morte réellement, et que ce n'était qu'une feinte qu'elle avait employée pour m'attirer dans son château et me conter son amour. Un instant même je crus avoir vu bouger son pied dans la blancheur des voiles, et se déranger les plis droits du suaire.

Et puis je me disais : « Est-ce bien Clarimonde ?

quelle preuve en ai-je? Ce page noir ne peut-il être passé au service d'une autre femme? Je suis bien fou de me désoler et de m'agiter ainsi. » Mais mon cœur me répondit avec un battement : « C'est bien elle, c'est bien elle. » Je me rapprochai du lit et je regardai avec un redoublement d'attention l'objet de mon incertitude. Vous l'avouerai-je? cette perfection de formes, quoique purifiée et sanctifiée par l'ombre de la mort, me troublait plus voluptueusement qu'il n'aurait fallu, et ce repos ressemblait tant à un sommeil que l'on s'y serait trompé. J'oubliais que j'étais venu là pour un office funèbre, et je m'imaginais que j'étais un jeune époux entrant dans la chambre de la fiancée qui cache sa figure par pudeur et qui ne se veut point laisser voir. Navré de douleur, éperdu de joie, frissonnant de crainte et de plaisir, je me penchai vers elle et je pris le coin du drap ; je le soulevai lentement en retenant mon souffle de peur de l'éveiller ; mes artères palpitaient avec une telle force que je les sentais siffler dans mes tempes, et mon front ruisselait de sueur comme si j'eusse remué une dalle de marbre. C'était en effet la Clarimonde telle que je l'avais vue à l'église lors de mon ordination; elle était aussi charmante, et la mort chez elle semblait une coquetterie de plus. La pâleur de ses joues, le rose moins vif de ses lèvres, ses longs cils baissés et découpant leur frange brune sur cette blancheur, lui donnaient une expression de chasteté mélancolique et de souffrance pensive d'une puissance de séduction inexprimable; ses longs cheveux dénoués, où se trouvaient encore mêlées quelques petites fleurs bleues, faisaient un oreiller à sa tête et protégeaient de leurs boucles la nudité de ses épaules; ses belles mains, plus pures, plus diaphanes que des hosties, étaient croisées dans une attitude de pieux repos et de tacite prière, qui corrigeait ce qu'auraient pu avoir de trop séduisant, même dans la mort, l'exquise rondeur et le poli d'ivoire de ses bras nus dont on n'avait pas ôté les bracelets de perles. Je restai longtemps absorbé dans une muette contemplation, et plus je la regardais, moins je pouvais croire que la vie avait pour toujours abandonné ce beau corps. Je ne sais si cela était une illusion ou un reflet de la lampe, mais on eût dit que le sang recommençait à circuler sous cette mate pâleur ; cependant elle était toujours de la plus parfaite immobilité. Je touchai légèrement son bras ; il était froid, mais pas plus froid pourtant que sa main le jour qu'elle avait effleuré la mienne sous le portail de l'église. Je repris ma position, penchant ma figure sur la sienne et laissant pleuvoir sur ses joues la tiède rosée de mes larmes. Ah ! quel sentiment amer de désespoir et d'impuissance ! quelle agonie que cette veille ! j'aurais voulu pouvoir ramasser ma vie en un monceau pour la lui donner et souffler sur sa dépouille glacé la flamme qui me dévorait. La nuit s'avançait, et, sentant approcher le moment de la séparation éternelle, je ne pus me refuser cette triste et suprême douceur de déposer un baiser sur les lèvres mortes de celle qui avait eu tout mon amour. O prodige ! un léger souffle se mêla à mon souffle, et la bouche de Clarimonde répondit à la passion de la mienne ; ses yeux s'ouvrirent et reprirent un peu d'éclat, elle fit un soupir, et, décroisant ses bras, elle les passa derrière mon cou avec un air de ravissement ineffable. « Ah ! c'est toi, Romuald, dit-elle d'une voix languissante et douce comme les dernières vibrations d'une harpe; que fais-tu donc? Je t'ai attendu si longtemps que je suis morte; mais maintenant nous sommes fiancés, je pourrai te voir et aller chez toi. Adieu! Romuald, adieu! je t'aime; c'est tout ce que je voulais te dire, et je te rends la vie que tu as rappelée sur moi une minute avec ton baiser; à bientôt. »

Sa tête retomba en arrière, mais elle m'entourait toujours de ses bras comme pour me retenir. Un tourbillon de vent furieux défonça la fenêtre et entra dans la chambre; la dernière feuille de la rose blanche palpita quelque temps comme une aile au bout de la tige; puis elle se détacha et s'envola par la croisée ouverte, emportant avec elle l'âme de Clarimonde. La lampe s'éteignit, et je tombai évanoui sur le sein de la belle morte.

Quand je revins à moi j'étais couché sur mon lit, dans ma petite chambre du presbytère, et le vieux chien de l'ancien curé léchait ma main allongée hors de la couverture. Barbara s'agitait dans la chambre avec un tremblement sénile, ouvrant et fermant des tiroirs, ou remuant des poudres dans des verres. En me voyant ouvrir les yeux, la vieille poussa un cri de joie, le chien jappa et frétilla de la queue; mais j'étais si faible que je ne pus prononcer une seule parole ni faire aucun mouvement. J'ai su depuis que j'étais resté trois jours ainsi, ne donnant d'autre signe d'existence qu'une respiration presque insensible. Ces trois jours ne comptent pas dans ma vie, et je ne sais où mon esprit était allé pendant tout ce temps; je n'en ai gardé aucun souvenir. Barbara m'a conté que le même homme au teint cuivré, qui m'était venu chercher pendant la nuit, m'avait ramené le matin dans une litière fermée et s'en était retourné aussitôt. Dès que je pus rappeler mes idées, je repassai en moi-même toutes les circonstances de cette nuit fatale. D'abord je pensai que j'avais été le jouet d'une illusion magique; mais des circonstances réelles et palpables détruisirent bientôt cette supposition. Je ne pouvais croire que j'avais rêvé, puisque Barbara avait vu comme moi l'homme aux deux chevaux noirs et qu'elle en décrivait l'ajustement et la tournure avec exactitude. Cependant personne ne connaissait dans les environs un château à qui s'appliquât la description du château où j'avais retrouvé Clarimonde.

Un matin je vis entrer l'abbé Sérapion. Barbara lui avait mandé que j'étais malade et il était accouru en toute hâte. Quoique cet empressement démontrât de l'affection et de l'intérêt pour ma personne, sa visite ne me fit pas le plaisir qu'elle m'aurait dû faire. L'abbé Sérapion avait dans le regard quelque chose de pénétrant et d'inquisiteur qui me gênait. Je me sentais embarrassé et coupable devant lui. Le premier il avait découvert mon trouble intérieur, et je lui en voulais de sa clairvoyance.

Tout en me demandant des nouvelles de ma santé d'un ton hypocritement mielleux, il fixait sur moi ses deux jaunes prunelles de lion et plongeait comme une sonde ses regards dans mon âme. Puis il me fit quelques questions sur la manière dont je dirigeais ma cure, si je m'y plaisais, à quoi je passais le temps que mon ministère me laissait libre, si j'avais fait quelques connaissances parmi les habitants du lieu, quelles étaient mes lectures favorites, et mille autres détails semblables. Je répondais à tout cela le plus brièvement possible, et lui-même, sans attendre que j'eusse achevé, passait à autre chose. Cette conversation n'avait évidemment aucun rapport avec ce qu'il voulait dire. Puis, sans préparation aucune, et comme une nouvelle dont il se souvenait à l'instant et qu'il eût craint d'oublier ensuite, il me dit d'une voix claire et vibrante qui résonna à mon oreille comme les trompettes du jugement dernier :

« La grande courtisane Clarimonde est morte dernièrement à la suite d'une orgie qui a duré huit jours et huit nuits. Ç'a été quelque chose d'infernalement splendide. On a renouvelé là les abominations des festins de Balthazar et de Cléopâtre. Dans quel siècle vivons-nous, bon Dieu ! Les convives étaient servis par des esclaves basanés parlant un langage inconnu, et qui m'ont tout l'air de vrais démons ; la livrée du moindre d'entre eux eût pu servir d'habit de gala à un empereur. Il a couru de tous temps sur cette Clarimonde de bien étranges histoires, et tous ses amants ont fini d'une manière misérable ou violente. On a dit que c'était une goule, un vampire femelle ; mais je crois que c'était Beelzebuth en personne. »

Il se tut et m'observa plus attentivement que jamais, pour voir l'effet que ses paroles avaient produit sur moi. Je n'avais pu me défendre d'un mouvement en entendant nommer Clarimonde, et cette nouvelle de sa mort, outre la douleur qu'elle me causait par son étrange coïncidence avec la scène nocturne dont j'avais été témoin, me jeta dans un trouble et un effroi qui parurent sur ma figure, quoi que je fisse pour m'en rendre maître. Sérapion me jeta un coup d'œil inquiet et sévère; puis il me dit : « Mon fils, je dois vous en avertir, vous avez le pied levé sur un abîme; prenez garde d'y tomber. Satan a la griffe longue, et les tombeaux ne sont pas toujours fidèles. La pierre de Clarimonde devrait être scellée d'un triple sceau; car ce n'est pas, à ce qu'on dit, la première fois qu'elle est morte. Que Dieu veille sur vous, Romuald ! »

Après avoir dit ces mots, Sérapion regagna la porte à pas lents, et je ne le revis plus; car il partit pour S*** presque aussitôt.

J'étais entièrement rétabli et j'avais repris mes fonctions habituelles. Le souvenir de Clarimonde et les paroles du vieil abbé étaient toujours présentes à mon esprit; cependant aucun événement extraordinaire n'était venu confirmer les prévisions funèbres de Sérapion, et je commençais à croire que ses craintes et mes terreurs étaient trop exagérées ; mais une nuit je fis un rêve. J'avais à peine bu les premières gorgées du sommeil que j'entendis ouvrir les rideaux de mon lit et glisser les anneaux sur les tringles avec un bruit éclatant ; je me soulevai brusquement sur le coude et je vis une ombre de femme qui se tenait debout devant moi. Je reconnus sur-le-champ Clarimonde. Elle portait à la main une petite lampe de la forme de celles qu'on met dans les tombeaux, dont la lueur donnait à ses doigts effilés une transparence rose qui se prolongeait par une dégradation insensible jusque dans la blancheur opaque et laiteuse de son bras nu. Elle avait pour tout vêtement le suaire de lin qui la recouvrait sur son lit de parade, dont elle retenait les plis sur sa poitrine, comme honteuse d'être si peu vêtue, mais sa petite main n'y suffisait pas ; elle était si blanche que la couleur de la draperie se confondait avec celle des chairs sous le pâle rayon de la lampe. Enveloppée de ce fin tissu qui trahissait tous les contours de son corps, elle ressemblait à une statue de marbre de baigneuse antique plutôt qu'à une femme douée de vie. Morte ou vivante, statue ou femme, ombre ou corps, sa beauté était toujours la même ; seulement l'éclat vert de ses prunelles était un peu amorti, et sa bouche, si vermeille autrefois, n'était plus teintée que d'un rose faible et tendre presque semblable à celui de ses joues. Les petites fleurs bleues que j'avais remarquées dans ses cheveux étaient tout-à-fait sèches et avaient presque perdu toutes leurs feuilles ; ce qui ne l'empêchait pas d'être charmante, si charmante que, malgré la singularité de l'aventure et la façon inexplicable dont elle était entrée dans la chambre, je n'eus pas un instant de frayeur.

Elle posa la lampe sur la table et s'assit sur le pied de mon lit ; puis elle me dit en se penchant vers moi avec cette voix argentine et veloutée à la fois que je n'ai connu qu'à elle :

« Je me suis bien fait attendre, mon cher Romuald, et tu as dû croire que je t'avais oublié. Mais je viens de bien loin, et d'un endroit dont personne n'est encore revenu ; il n'y a ni lune ni soleil au pays d'où j'arrive ; ce n'est que de l'espace et de l'ombre; ni chemin, ni sentier; point de terre pour le pied, point d'air pour l'aile ; et pourtant me voici, car l'amour est plus fort que la mort, et il finira par la vaincre. Ah! que de faces mornes et de choses terribles j'ai vues dans mon voyage! Que de peine mon âme, rentrée dans ce monde par la puissance de la volonté, a eue pour retrouver son corps et s'y réinstaller! Que d'efforts il m'a fallu faire avant de lever la dalle dont on m'avait couverte. Tiens! le dedans de mes pauvres mains en est tout meurtri. Baise-les pour les guérir, cher amour! » Elle m'appliqua l'une après l'autre les paumes froides de ses mains sur ma bouche ; je les baisai en effet plusieurs fois, et elle me regardait faire avec un sourire d'ineffable complaisance.

Je l'avoue à ma honte, j'avais totalement oublié les avis de l'abbé Sérapion et le caractère dont j'étais revêtu. J'étais tombé sans résistance et au premier assaut. Je n'avais pas même essayé de repousser le tentateur ; la fraîcheur de la peau de Clarimonde pénétrait la mienne, et je me sentais courir sur le corps de voluptueux frissons. La pauvre enfant! malgré tout ce que j'en ai vu, j'ai peine à croire encore que ce fût un démon ; du moins elle n'en avait pas l'air, et jamais Satan n'a mieux caché ses griffes et ses cornes. Elle avait reployé ses talons sous elle et se tenait accroupie sur le bord de la couchette dans une position pleine de coquetterie nonchalante. De temps en temps elle passait sa petite main à travers mes cheveux et les roulait en boucles comme pour essayer à mon visage de nouvelles coiffures. Je me laissais faire avec la plus coupable complaisance, et elle accompagnait tout cela du plus charmant babil. Une chose remarquable, c'est que je n'éprouvais aucun étonnement d'une aventure aussi extraordinaire, et, avec cette facilité que l'on a dans la vision d'admettre comme fort simples les événements les plus bizarres, je ne voyais rien là que de parfaitement naturel.

«Je t'aimais bien longtemps avant de t'avoir vu, mon cher Romuald, et je te cherchais partout. Tu étais mon rêve, et je t'ai aperçu dans l'église au fatal moment; j'ai dit tout de suite : « C'est lui. » Je te jetai un regard où je mis tout l'amour que j'avais eu, que j'avais, et que je devais avoir pour toi; un regard à damner un cardinal, à faire agenouiller un roi à mes pieds devant toute sa cour. Tu restas impassible et tu me préféras ton Dieu.

« Ah ! que je suis jalouse de Dieu, que tu as aimé et que tu aimes encore plus que moi.

« Malheureuse ! malheureuse que je suis ! je n'aurai jamais ton cœur à moi toute seule, moi que tu as ressuscitée d'un baiser ! Clarimonde la morte, qui force à cause de toi les portes du tombeau, et qui vient te consacrer une vie qu'elle n'a reprise que pour te rendre heureux ! »

Toutes ces paroles étaient entrecoupées de caresses délirantes qui étourdirent mes sens et ma raison au point que je ne craignis point, pour la consoler, de proférer un effroyable blasphème, et de lui dire que je l'aimais autant que Dieu.

Ses prunelles se ravivèrent et brillèrent comme des chrysoprases. « Vrai ! bien vrai ! autant que Dieu ! dit-elle en m'enlaçant dans ses beaux bras. Puisque c'est ainsi, tu viendras avec moi, tu me suivras où je voudrai. Tu laisseras tes vilains habits noirs. Tu seras le plus fier et le plus envié des cavaliers, tu seras mon amant. Être l'amant avoué de Clarimonde, qui a refusé un pape, c'est beau, cela !

Ah! la bonne vie, bienheureuse, la belle existence dorée que nous mènerons! Quand partons-nous, mon gentilhomme?

— Demain! demain! m'écriai-je dans mon délire.

— Demain, soit! reprit-elle. J'aurai le temps de changer de toilette, car celle-ci est un peu succincte et ne vaut rien pour le voyage. Il faut aussi que j'aille avertir mes gens qui me croient sérieusement morte et qui se désolent tant qu'ils peuvent. L'argent, les habits, les voitures, tout sera prêt; je te viendrai prendre à cette heure-ci. Adieu! cher cœur. » Et elle effleura mon front du bout de ses lèvres. La lampe s'éteignit, les rideaux se refermèrent, et je ne vis plus rien; un sommeil de plomb, un sommeil sans rêve s'appesantit sur moi et me tint engourdi jusqu'au lendemain matin. Je me réveillai plus tard que de coutume, et le souvenir de cette singulière vision m'agita toute la journée; je finis par me persuader que c'était une pure vapeur de mon imagination échauffée. Cependant les sensations avaient été si vives qu'il était difficile de croire qu'elles n'étaient pas réelles, et ce ne fut pas sans quelque appréhension de ce qui allait arriver que je me mis au lit après avoir prié Dieu d'éloigner de moi les mauvaises pensées et de protéger la chasteté de mon sommeil.

Je m'endormis bientôt profondément, et mon rêve se continua. Les rideaux s'écartèrent et je vis Clarimonde, non pas, comme la première fois, pâle dans son pâle suaire et les violettes de la mort sur les joues, mais gaie, leste et pimpante, avec un superbe habit de voyage en velours vert orné de ganses d'or et retroussé sur le côté pour laisser voir une jupe de satin. Ses cheveux blonds s'échappaient en grosses boucles de dessous un large chapeau de feutre noir chargé de plumes blanches capricieusement contournées; elle tenait à la main une petite cravache terminée par un sifflet d'or. Elle m'en toucha légèrement et me dit : « Eh bien! beau dormeur, est-ce ainsi que vous faites vos préparatifs? Je comptais vous trouver debout. Levez-vous bien vite ; nous n'avons pas de temps à perdre. » Je sautai à bas du lit.

« Allons, habillez-vous et partons, dit-elle en me montrant du doigt un petit paquet qu'elle avait apporté; les chevaux s'ennuient et rongent leur frein à la porte. Nous devrions déjà être à dix lieues d'ici. »

Je m'habillai en hâte, et elle me tendait elle-même les pièces du vêtement, en riant aux éclats de ma gaucherie, et en m'indiquant leur usage quand je me trompais. Elle donna du tour à mes cheveux, et, quand ce fut fait, elle me tendit un petit miroir de poche en cristal de Venise, bordé d'un filigrane d'argent, et me dit : « Comment té trouves-tu, et veux-tu me prendre à ton service comme valet de chambre? »

Je n'étais plus le même, et je ne me reconnus pas. Je ne me ressemblais pas plus qu'une statue achevée ne ressemble à un bloc de pierre. Mon ancienne figure avait l'air de n'être que l'ébauche grossière de celle que réfléchissait le miroir. J'étais beau, et ma vanité fut sensiblement chatouillée de cette métamorphose. Ces élégants habits, cette riche veste brodée faisaient de moi un tout autre personnage, et j'admirai la puissance de quelques aunes d'étoffes taillées d'une certaine manière. L'esprit de mon costume me pénétrait la peau, et au bout de dix minutes j'étais passablement fat.

Je fis quelques tours par la chambre pour me donner de l'aisance. Clarimonde me regardait d'un air de complaisance maternelle et paraissait très contente de son œuvre. « Voilà bien assez d'enfantillage ; en route, mon cher Romuald ! nous allons loin et nous n'arriverons pas. » Et elle me prit la main et m'entraîna. Toutes les portes s'ouvraient devant elle aussitôt qu'elle les touchait, et nous passâmes devant le chien sans l'éveiller.

A la porte, nous trouvâmes Margheritone ; c'était l'écuyer qui m'avait déjà conduit ; il tenait en bride trois chevaux noirs comme les premiers, un pour moi, un pour lui, un pour Clarimonde. Il fallait que ces chevaux fussent des genets d'Espagne, nés de juments fécondées par le zéphir ; car ils allaient aussi vite que le vent, et la lune, qui s'était levée à notre départ pour nous éclairer, roulait dans le ciel comme une roue détachée de son char ; nous la voyions à notre droite sauter d'arbre en arbre et s'essouffler à courir après nous. Nous arrivâmes bientôt dans une plaine où, auprès d'un bouquet d'arbres, nous attendait une voiture attelée de quatre vigoureuses bêtes; nous y montâmes, et les postillons leur firent prendre un galop insensé. J'avais un bras passé derrière la taille de Clarimonde et une de ses mains ployée dans la mienne; elle appuyait sa tête à mon épaule, et je sentais sa gorge demi-nue frôler mon bras. Jamais je n'avais éprouvé un bonheur aussi vif. J'avais oublié tout en ce moment-là, et je ne me souvenais pas plus d'avoir été prêtre que de ce que j'avais fait dans le sein de ma mère, tant était grande la fascination que l'esprit malin exerçait sur moi. A dater de cette nuit ma nature s'est en quelque sorte dédoublée, et il y eut en moi deux hommes dont l'un ne connaissait pas l'autre. Tantôt je me croyais un prêtre qui rêvait chaque soir qu'il était gentilhomme, tantôt un gentilhomme qui rêvait qu'il était prêtre. Je ne pouvais plus distinguer le songe de la veille, et je ne savais pas où commençait la réalité et où finissait l'illusion. Le jeune seigneur fat et libertin se raillait du prêtre, le prêtre détestait les dissolutions du jeune seigneur. Deux spirales enchevêtrées l'une dans l'autre et confondues sans se toucher jamais représentent très bien cette vie bicéphale qui fut la mienne. Malgré l'étrangeté de cette position, je ne crois pas avoir un seul instant touché à la folie. J'ai toujours conservé très nettes les perceptions de mes deux existences. Seulement, il y avait un fait absurde que je ne pouvais m'expliquer : c'est que le sentiment du même moi existât dans deux hommes si différents. C'était une anomalie dont je ne me rendais pas compte, soit que je crusse être le curé du petit village de***, ou *il signor Romualdo*, amant en titre de la Clarimonde.

Toujours est-il que j'étais ou du moins que je croyais être à Venise ; je n'ai pu encore bien démêler ce qu'il y avait d'illusion et de réel dans cette bizarre aventure. Nous habitions un grand palais de marbre sur le Canaleïo, plein de fresques et de statues, avec deux Titiens du meilleur temps dans la chambre à coucher de la Clarimonde, un palais digne d'un roi. Nous avions chacun notre gondole et nos barcarols à notre livrée, notre chambre de musique et notre poëte. Clarimonde entendait la vie d'une grande manière, et elle avait un peu de Cléopâtre dans sa nature. Quant à moi, je menais un train de fils de prince, et je faisais une poussière comme si j'eusse été de la famille de l'un des douze apôtres ou des quatre évangélistes de la sérénissime république; je ne me serais pas détourné de mon chemin pour laisser passer le doge, et je ne crois pas que, depuis Satan, qui tomba du ciel, personne ait été plus orgueilleux et plus insolent que moi. J'allais au Ridotto, et je jouais un jeu d'enfer. Je voyais la meilleure société du monde, des fils de famille ruinés, des femmes de théâtre, des escrocs, des parasites et des spadassins. Cependant, malgré la dissipation de cette vie, je restai fidèle à la Clarimonde. Je l'aimais éperdument. Elle eût réveillé la satiété même et fixé l'inconstance. Avoir Clarimonde, c'était avoir vingt maîtresses, c'était avoir toutes les femmes, tant elle était mobile, changeante et dissemblable d'elle-même; un vrai caméléon! Elle vous faisait commettre avec elle l'infidélité que vous eussiez commise avec d'autres, en prenant complétement le caractère, l'allure et le genre de beauté de la femme qui paraissait vous plaire. Elle me rendait mon amour au centuple, et c'est en vain que les jeunes patriciens et même les vieux du conseil des Dix lui firent les plus magnifiques propositions. Un Foscari alla même jusqu'à lui proposer de l'épouser; elle refusa tout. Elle avait assez d'or; elle ne voulait plus que de l'amour, un amour jeune, pur, éveillé par elle, et qui devait être le premier et le dernier. J'aurais été parfaitement heureux sans un maudit cauchemar qui revenait toutes les nuits et où je me croyais un curé de village se macérant et faisant pénitence de mes excès du jour. Rassuré par l'habitude d'être avec elle, je ne songeais presque plus à la façon étrange dont j'avais fait connaissance avec Clarimonde. Cependant, ce qu'en avait dit l'abbé Sérapion me revenait quelquefois en mémoire et ne laissait pas que de me donner de l'inquiétude.

Depuis quelque temps la santé de Clarimonde n'était pas aussi bonne; son teint s'amortissait de jour en jour. Les médecins qu'on fit venir n'entendaient rien à sa maladie, et ils ne savaient qu'y faire. Ils prescrivirent quelques remèdes insignifiants et ne revinrent plus. Cependant elle pâlissait à vue d'œil et devenait de plus en plus froide. Elle était presque aussi blanche et aussi morte que la fameuse nuit dans le château inconnu. Je me désolais de la voir ainsi lentement dépérir. Elle, touchée de ma douleur, me souriait doucement et tristement avec le sourire fatal des gens qui savent qu'ils vont mourir.

Un matin, j'étais assis auprès de son lit et je déjeunais sur une petite table pour ne pas la quitter d'une minute. En coupant un fruit je me fis par hasard au doigt une entaille assez profonde. Le sang partit aussitôt en filets pourpres, et quelques gouttes rejaillirent sur Clarimonde. Ses yeux s'éclairèrent, sa physionomie prit une expression de joie féroce et sauvage que je ne lui avais jamais vue. Elle sauta à bas du lit avec une agilité animale, une agilité de singe ou de chat, et se précipita sur ma blessure qu'elle se mit à sucer avec un air d'indicible volupté. Elle avalait le sang par petites gorgées, lentement et précieusement, comme un gourmet qui savoure un vin de Xérès ou de Syracuse; elle clignait les yeux à demi, et la pupille de ses prunelles vertes était devenue oblongue au lieu de ronde. De temps à autre elle s'interrompait pour me baiser la main; puis elle recommençait à presser de ses lèvres les lèvres de la plaie pour en faire sortir encore quelques gouttes rouges. Quand elle vit que le sang ne venait plus, elle se releva l'œil humide et brillant, plus rose qu'une aurore de mai, la figure pleine, la main tiède et moite, enfin plus belle que jamais et dans un état parfait de santé.

« Je ne mourrai pas! je ne mourrai pas! dit-elle à moitié folle de joie et en se pendant à mon cou; je pourrai t'aimer encore longtemps. Ma vie est dans la tienne, et tout ce qui est moi vient de toi. Quelques gouttes de ton riche et noble sang, plus précieux et plus efficace que tous les élixirs du monde, m'ont rendu l'existence. »

Cette scène me préoccupa longtemps et m'inspira d'étranges doutes à l'endroit de Clarimonde, et le soir même, lorsque le sommeil m'eut ramené à mon presbytère, je vis l'abbé Sérapion plus grave et plus soucieux que jamais. Il me regarda attentivement et me dit : « Non content de perdre votre âme, vous voulez aussi perdre votre corps. Infortuné jeune homme, dans quel piége êtes-vous tombé! » Le ton dont il me dit ce peu de mots me frappa vivement; mais malgré sa vivacité cette impression fut bientôt dissipée, et mille autres soins l'effacèrent de mon esprit. Cependant un soir je vis dans ma glace, dont elle n'avait pas calculé la perfide position, Clarimonde qui versait une poudre dans la coupe de vin épicé qu'elle avait la coutume de préparer après le repas. Je pris la coupe, je feignis d'y porter mes lèvres, et je la posai sur quelque meuble comme pour l'achever plus tard à mon loisir; et, profitant d'un instant où la belle avait le dos tourné, j'en jetai le contenu sous la table; après quoi je me retirai dans ma chambre et je me couchai, bien déterminé à ne pas dormir et à voir ce que tout cela deviendrait. Je n'attendis pas longtemps; Clarimonde entra en robe de nuit, et, s'étant débarrassée de ses voiles, s'allongea dans le lit auprès de moi. Quand elle se fut bien assurée que je dormais, elle découvrit mon bras et tira une épingle d'or de sa tête; puis elle se mit à murmurer à voix basse :

« Une goutte, rien qu'une petite goutte rouge, un rubis au bout de mon aiguille!... Puisque tu m'aimes encore, il ne faut pas que je meure... Ah! pauvre amour! son beau sang d'une couleur pourpre si éclatante, je vais le boire. Dors, mon seul bien; dors, mon dieu, mon enfant; je ne te ferai pas de mal, je ne prendrai de ta vie que ce qu'il faudra pour ne pas laisser éteindre la mienne. Si je ne t'aimais pas tant, je pourrais me résoudre à avoir d'autres amants dont je tarirais les veines; mais depuis que je te connais j'ai tout le monde en horreur... Ah! le beau bras! comme il est rond! comme il est blanc! je n'oserai jamais piquer cette jolie veine bleue. » Et, tout en disant cela, elle pleurait, et je sentais pleuvoir ses larmes sur mon bras qu'elle tenait entre ses mains. Enfin elle se décida et me fit une petite piqûre avec son aiguille et se mit à pomper le sang qui en coulait. Quoiqu'elle en eût bu à peine quelques gouttes, la crainte de m'épuiser la prenant, elle m'entoura avec soin le bras d'une petite bandelette après avoir frotté la plaie d'un onguent qui la cicatrisa sur-le-champ.

Je ne pouvais plus avoir de doutes; l'abbé Sérapion avait raison. Cependant, malgré cette certitude, je ne pouvais m'empêcher d'aimer Clarimonde, et je lui aurais volontiers donné tout le sang dont elle avait besoin pour soutenir son existence factice. D'ailleurs, je n'avais pas grand'peur; la femme me répondait du vampire, et ce que j'avais entendu et vu me rassurait complétement; j'avais alors des veines plantureuses qui ne se seraient pas de sitôt épuisées, et je ne marchandais pas ma vie goutte à goutte. Je me serais ouvert le bras moi-même et je lui aurais dit : « Bois! et que mon amour s'infiltre dans ton corps avec mon sang! » J'évitais de faire la moindre allusion au narcotique qu'elle m'avait versé et à la scène de l'aiguille, et nous vivions dans le plus parfait accord. Pourtant mes scrupules de prêtre me tourmentaient plus que jamais, et je ne savais quelle macération nouvelle inventer pour mater et mortifier ma chair. Quoique toutes ces visions fussent involontaires et que je n'y participasse en rien, je n'osais pas toucher le Christ avec des mains aussi impures et un esprit souillé par de pareilles débauches réelles ou rêvées. Pour éviter de tomber dans ces fatigantes hallucinations, j'essayais de m'empêcher de dormir, je tenais mes paupières ouvertes avec les doigts et je restais debout au long des murs, luttant contre le sommeil de toutes mes forces; mais le sable de l'assoupissement me roulait bientôt dans les yeux, et, voyant que toute lutte était inutile, je laissais tomber les bras de découragement et de lassitude, et le courant me rentraînait vers les rives perfides. Sérapion me faisait les plus véhémentes exhortations et me reprochait durement ma mollesse et mon peu de ferveur. Un jour que j'avais été plus agité qu'à l'ordinaire, il me dit : « Pour vous débarrasser de cette obsession, il n'y a qu'un moyen, et, quoiqu'il soit extrême, il le faut employer : aux grands maux les grands remèdes. Je sais où Clarimonde a été enterrée; il faut que nous la déterrions et que vous voyiez dans quel état pitoyable est l'objet de votre amour; vous ne serez plus tenté de perdre votre âme pour un cadavre immonde dévoré des vers et prêt à tomber en poudre ; cela vous fera assurément rentrer en vous-même.» Pour moi, j'étais si fatigué de cette double vie que j'acceptai, voulant savoir, une fois pour toutes, qui du prêtre ou du gentilhomme était dupe d'une illusion ; j'étais décidé à tuer au profit de l'un ou de l'autre un des deux hommes qui étaient en moi ou à les tuer tous deux, car une pareille vie ne pouvait durer. L'abbé Sérapion se munit d'une pioche, d'un levier et d'une lanterne, et à minuit nous nous dirigeâmes vers le cimetière de ***, dont il connaissait parfaitement le gisement et la disposition. Après avoir porté la lumière de la lanterne sourde sur les inscriptions de plusieurs tombeaux, nous arrivâmes enfin à une pierre à moitié cachée par les grandes herbes et dévorée de mousses et de plantes parasites, où nous déchiffrâmes ce commencement d'inscription :

>Ici gît Clarimonde
>Qui fut de son vivant
>La plus belle du monde.
>. . . . .

« C'est bien ici », dit Sérapion, et, posant à terre sa lanterne, il glissa la pince dans l'interstice de la pierre et commença à la soulever. La pierre céda et il se mit à l'ouvrage avec la pioche. Moi, je le regardais faire, plus noir et plus silencieux que la nuit elle-même; quant à lui, courbé sur son œuvre funèbre, il ruisselait de sueur, il haletait, et son souffle pressé avait l'air du râle d'un agonisant. C'était un spectacle étrange, et qui nous eût vus du dehors nous eût plutôt pris pour des profanateurs et des voleurs de linceuls, que pour des prêtres de Dieu. Le zèle de Sérapion avait quelque chose de dur et de sauvage qui le faisait ressembler à un démon plutôt qu'à un apôtre ou à un ange, et sa figure aux grands traits austères et profondément découpés par le reflet de la lanterne n'avait rien de très rassurant. Je me sentais perler sur les membres une sueur glaciale, et mes cheveux se redressaient douloureusement sur ma tête; je regardais au fond de moi-même l'action du sévère Sérapion comme un abominable sacrilége, et j'aurais voulu que du flanc des sombres nuages qui roulaient pesamment au-dessus de nous sortît un triangle de feu qui le réduisît en poudre. Les hiboux perchés sur les cyprès, inquiétés par l'éclat de la lanterne, en venaient fouetter lourdement la vitre avec leurs ailes poussiéreuses, en jetant des gémissements plaintifs; les renards glapissaient dans le lointain et mille bruits sinistres se dégageaient du silence. Enfin la pioche de Sérapion heurta le cercueil dont les planches retentirent avec un bruit sourd et sonore, avec ce terrible bruit que rend le néant quand on y touche; il en renversa le couvercle, et j'aperçus Clarimonde pâle comme un marbre, les mains jointes, et son blanc suaire ne faisait qu'un seul pli de sa tête à ses pieds. Une petite goutte brillait comme une rose au coin de sa bouche décolorée. Sérapion, à cette vue, entra en fureur : « Ah! te voilà! démon, courtisane impudique, buveuse de sang et d'or! » et il aspergea d'eau bénite le corps et le cercueil sur lequel il traça la forme d'une croix avec son goupillon. La pauvre Clarimonde n'eut pas été plus tôt touchée par la sainte rosée que son beau corps tomba en poussière; ce ne fut plus qu'un mélange affreusement informe de cendres et d'os à demi calcinés. « Voilà votre maîtresse, seigneur Romuald, dit l'inexorable prêtre, en me montrant ces tristes dépouilles; serez-vous encore tenté d'aller vous promener au Lido et à Fusine avec votre beauté? » Je baissai la tête; une grande ruine venait de se faire au dedans de moi. Je retournai à mon presbytère, et le seigneur Romuald, amant de Clarimonde, se sépara du pauvre prêtre, à qui il avait tenu pendant si longtemps une si étrange compagnie. Seulement, la nuit suivante, je vis Clarimonde; elle me dit, comme la première fois sous le portail de l'église : « Malheureux! malheureux! qu'as-tu fait? Pourquoi as-tu écouté ce prêtre imbécile? n'étais-tu pas heureux? et que t'avais-je fait, pour violer ma pauvre tombe et mettre à nu les misères de mon néant? Toute communication entre nos âmes et nos corps est rompue désormais. Adieu, tu me regretteras. » Elle se dissipa dans l'air comme une fumée et je ne la revis plus.

Hélas! elle a dit vrai; je l'ai regrettée plus d'une fois et je la regrette encore. La paix de mon âme a été bien chèrement achetée; l'amour de Dieu n'était pas de trop pour remplacer le sien. Voilà, frère, l'histoire de ma jeunesse. Ne regardez jamais une femme, et marchez toujours les yeux fixés en terre, car si chaste et si calme que vous soyez, il suffit d'une minute pour vous faire perdre l'éternité.

UNE NUIT DE CLÉOPATRE.

UNE NUIT DE CLÉOPATRE.

UNE NUIT DE CLÉOPATRE.

I.

Il y a, au moment où nous écrivons cette ligne, dix-neuf cents ans environ qu'une cange magnifiquement dorée et peinte descendait le cours du Nil avec toute la rapidité que pouvaient lui donner cinquante rames longues et plates rampant sur l'eau égratignée comme les pattes d'un scarabée gigantesque.

Cette cange était étroite, de forme allongée, relevée par les deux bouts en forme de corne de lune naissante, svelte de proportions et merveilleusement taillée pour la marche; une tête de bélier surmontée d'une boule d'or armait la pointe de la proue, et montrait que l'embarcation appartenait à une personne de race royale.

Au milieu de la barque s'élevait une cabine à toit plat, une espèce de *naos* ou tente d'honneur, coloriée et dorée, avec une moulure à palmettes et quatre petites fenêtres carrées.

Deux chambres également couvertes d'hiéroglyphes occupaient les extrémités du croissant; l'une d'elles, plus vaste que l'autre, avait un étage juxtaposé de moindre hauteur, comme les châteaux-gaillards de ces bizarres galères du seizième siècle dessinées par Della Bella; la plus petite, qui servait de logement au pilote, se terminait en fronton triangulaire.

Le gouvernail était fait de deux immenses avirons ajustés sur des pieux bariolés, et s'allongeant dans l'eau derrière la barque comme les pieds palmés d'un cygne; des têtes coiffées du *pschent*, et portant au menton la corne allégorique, étaient sculptées à la poignée de ces grandes rames que faisait manœuvrer le pilote debout sur le toit de la cabine.

C'était un homme basané, fauve comme du bronze neuf, avec des luisants bleuâtres et miroitants, l'œil relevé par les coins, les cheveux très noirs et tressés en cordelettes, la bouche épanouie, les pommettes saillantes, l'oreille détachée du crâne, le type égyptien dans toute sa pureté. Un pagne étroit bridant sur les cuisses, et cinq ou six tours de verroteries et d'amulettes composaient tout son costume.

Il paraissait le seul habitant de la cange, car les rameurs, penchés sur leurs avirons et cachés par le plat bord, ne se faisaient deviner que par le mouvement symétrique des rames ouvertes en côtes d'éventail à chaque flanc de la barque, et retombant dans le fleuve après un léger temps d'arrêt.

Aucun souffle d'air ne faisait trembler l'atmosphère, et la grande voile triangulaire de la cange, assujettie et ficelée avec une corde de soie autour du mât abattu, montrait que l'on avait renoncé à tout espoir de voir le vent s'élever.

Le soleil du midi décochait ses flèches de plomb ; les vases cendrées des rives du fleuve lançaient de flamboyantes réverbérations ; une lumière crue, éclatante et poussiéreuse à force d'intensité, ruisselait en torrents de flamme ; l'azur du ciel blanchissait de chaleur comme un métal à la fournaise ; une brume ardente et rousse fumait à l'horizon incendié. Pas un nuage ne tranchait sur ce ciel invariable et morne comme l'éternité.

L'eau du Nil, terne et mate, semblait s'endormir dans son cours et s'étaler en nappes d'étain fondu ; nulle haleine ne ridait sa surface et n'inclinait sur leurs tiges les calices de lotus, aussi roides que s'ils eussent été sculptés ; à peine si de loin en loin le saut d'un bechir ou d'un fahaka, gonflant son ventre, y faisait miroiter une écaille d'argent, et les avirons de la cange semblaient avoir peine à déchirer la pellicule fuligineuse de cette eau figée. Les rives étaient désertes ; une tristesse immense et solennelle pesait sur cette terre, qui ne fut jamais qu'un grand tombeau, et dont les vivants semblent ne pas avoir eu d'autre occupation que d'embaumer les morts. Tristesse aride, sèche comme la pierre ponce, sans mélancolie, sans rêverie, n'ayant point de nuage gris de perle à suivre à l'horizon, pas de source secrète où baigner ses pieds poudreux; tristesse de sphinx ennuyé de regarder perpétuellement le désert, et qui ne peut se détacher du socle de granit où il aiguise ses griffes depuis vingt siècles.

Le silence était si profond qu'on eût dit que le monde fût devenu muet, ou que l'air eût perdu la faculté de conduire le son. Le seul bruit qu'on entendit, c'était le chuchotement et les rires étouffés des crocodiles pâmés de chaleur qui se vautraient dans les joncs du fleuve, ou bien quelque ibis qui, fatigué de se tenir debout, une patte repliée sous le ventre et le cou dans les épaules, quittait sa pose immobile, et, fouettant brusquement l'air bleu de ses ailes blanches, allait se percher sur un obélisque ou sur un palmier.

La cange filait comme la flèche sur l'eau du fleuve, laissant derrière elle un sillage argenté qui se refermait bientôt, et quelques globules écumeux venant crever à la surface, témoignaient seuls du passage de la barque déjà hors de vue.

Les berges du fleuve, couleur d'ocre et de saumon, se déroulaient rapidement comme des bandelettes de papyrus entre le double azur du ciel et de l'eau, si semblables de ton que la mince langue de terre qui les séparait semblait une chaussée jetée sur un immense lac, et qu'il eût été difficile de décider si le Nil réfléchissait le ciel ou si le ciel réfléchissait le Nil.

Le spectacle changeait à chaque instant ; tantôt c'étaient de gigantesques propylées qui venaient mirer au fleuve leurs murailles en talus, plaquées de larges panneaux de figures bizarres ; des pylones aux chapiteaux évasés, des rampes côtoyées de grands sphinx accroupis, coiffés du bonnet à barbe cannelée, et croisant sous leurs mamelles aiguës leurs pattes de basalte noir ; des palais démesurés faisant saillir sur l'horizon les lignes horizontales et sévères de leur entablement où le globe emblématique ouvrait ses ailes mystérieuses comme un aigle à l'envergure démesurée ; des temples aux colonnes énormes, grosses comme des tours, où se détachaient sur un fond d'éclatante blancheur des processions de figures hiéroglyphiques : toutes les prodigiosités de cette architecture de Titans. Tantôt, des paysages d'une aridité désolante ; des collines formées par des petits éclats de pierre provenant des fouilles et des constructions, miettes de cette gigantesque débauche de granit qui dura plus de trente siècles ; des montagnes exfoliées de chaleur, déchiquetées et zébrées de rayures noires, semblables aux cautérisations d'un incendie ; des tertres bossus et difformes, accroupis comme le criocéphale des tombeaux, et découpant au bord du ciel leur attitude contrefaite ; des marnes verdâtres, des ocres roux, des tufs d'un blanc farineux, et de temps à autre quelque escarpement de marbre couleur rose-sèche, où bâillaient les bouches noires des carrières.

Cette aridité n'était tempérée par rien : aucune oasis de feuillage ne rafraîchissait le regard, le vert semblait une couleur inconnue dans cette nature ; seulement de loin en loin un maigre palmier s'épanouissait à l'horizon, comme un crabe végétal ; un nopal épineux brandissait ses feuilles acérées comme des glaives de bronze; un carthame, trouvant un peu d'humidité à l'ombre d'un tronçon de colonne, piquait d'un point rouge l'uniformité générale.

Après ce coup d'œil rapide sur l'aspect du paysage, revenons à la cange aux cinquante rameurs, et, sans nous faire annoncer, entrons de plain-pied dans la naos ou tente d'honneur.

L'intérieur était peint en blanc, avec des arabesques vertes, des filets de vermillon et des fleurs d'or de forme fantastique; une natte de joncs d'une finesse extrême recouvrait le plancher ; au fond s'élevait un petit lit à pied de griffon, avec un dossier garni comme un canapé ou une causeuse moderne, un escabeau à quatre marches pour y monter, et, recherche assez singulière dans nos idées confortables, une espèce d'hémicycle en bois de cèdre, monté sur un pied, destiné à embrasser le contour de la nuque et à soutenir la tête de la personne couchée.

Sur cet étrange oreiller reposait une tête bien charmante, dont un regard fit perdre la moitié du monde, une tête adorée et divine, la femme la plus complète qui ait jamais existé, la plus femme et la plus reine, un type admirable, auquel les poëtes n'ont pu rien ajouter, et que les songeurs trouvent toujours au bout de leurs rêves : il n'est pas besoin de nommer Cléopâtre.

Auprès d'elle Charmion, son esclave favorite, balançait un large éventail de plumes d'ibis; une jeune fille arrosait d'une pluie d'eau de senteur les petites jalousies de roseaux qui garnissaient les fenêtres de la naos, pour que l'air n'y arrivât qu'imprégné de fraîcheur et de parfums.

Près du lit de repos, dans un vase d'albâtre rubanné, au goulet grêle, à la tournure effilée et svelte, rappelant vaguement un profil de héron, trempait un bouquet de fleurs de lotus, les unes d'un bleu céleste, les autres d'un rose tendre, comme le bout des doigts d'Isis, la grande déesse.

Cléopâtre, ce jour-là, par caprice ou politique, n'était pas habillée à la grecque ; elle venait d'assister à une panégyrie, et elle retournait à son palais d'été dans la cange, avec le costume égyptien qu'elle portait à la fête.

Nos lectrices seront peut-être curieuses de savoir

comment la reine Cléopâtre était habillée en revenant de la Mammisi d'Hermonthis où l'on adore la triade du dieu Mandou, de la déesse Ritho et de leur fils Harphré; c'est une satisfaction que nous pouvons leur donner.

La reine Cléopâtre avait pour coiffure une espèce de casque d'or très léger formé par le corps et les ailes de l'épervier sacré; les ailes, rabattues en éventail de chaque côté de la tête, couvraient les tempes, s'allongeaient presque jusque sur le cou, et dégageaient par une petite échancrure une oreille plus rose et plus délicatement enroulée que la coquille dont sortit Vénus que les Egyptiens nomment Hâthor; la queue de l'oiseau occupait la place où sont posés les chignons de nos femmes; son corps, couvert de plumes imbriquées et peintes de différents émaux, enveloppait le sommet du crâne, et son cou, gracieusement replié vers le front, composait avec la tête une manière de corne étincelante de pierreries; un cimier symbolique en forme de tour complétait cette coiffure élégante, quoique bizarre. Des cheveux noirs comme ceux d'une nuit sans étoiles s'échappaient de ce casque et filaient en longues tresses sur de blondes épaules dont une collerette ou haussecol, orné de plusieurs rangs de serpentine, d'azerodrach et de chrysoberil, ne laissait, hélas! apercevoir que le commencement; une robe de lin à côtes diagonales,—un brouillard d'étoffe, de l'air tramé, *ventus textilis* comme dit Pétrone,—ondulait en blanche vapeur autour d'un beau corps dont elle estompait mollement les contours. Cette robe avait des demi-manches justes sur l'épaule, mais évasées vers le coude comme nos manches à sabot, et permettait de voir un bras admirable et une main parfaite; le bras serré par six cercles d'or et la main ornée d'une bague représentant un scarabée. Une ceinture, dont les bouts noués retombaient par devant, marquait la taille de cette tunique flottante et libre; un mantelet garni de franges achevait la parure; et si quelques mots barbares n'effarouchent point des oreilles parisiennes, nous ajouterons que cette robe se nommait *schenti* et le mantelet *calasiris*.

Pour dernier détail, disons que la reine Cléopâtre portait de légères sandales fort minces recourbées en pointe et rattachées sur le coude-pied comme les souliers à la poulaine des châtelaines du moyen-âge.

La reine Cléopâtre n'avait cependant pas l'air de satisfaction d'une femme sûre d'être parfaitement belle et parfaitement parée ; elle se retournait et s'agitait sur son petit lit, et ses mouvements assez brusques dérangeaient à chaque instant les plis de son *conopœum* de gaze que Charmion rajustait avec une patience inépuisable sans cesser de balancer son éventail.

« L'on étouffe dans cette chambre, dit Cléopâtre ; quand même Phta, dieu du feu, aurait établi ses forges ici, il ne ferait pas plus chaud ; l'air est comme une fournaise. » Et elle passa sur les lèvres le bout de sa petite langue, puis étendit la main comme un malade qui cherche une coupe absente.

Charmion, toujours attentive, frappa des mains ; un esclave noir, vêtu d'un tonnelet plissé comme la jupe des Albanais et d'une peau de panthère jetée sur l'épaule, entra avec la rapidité d'une apparition, tenant en équilibre sur la main gauche un plateau chargé de tasses et de tranches de pastèque, et dans la droite un vase long muni d'un goulot comme une théière.

L'esclave remplit une des coupes en versant de haut avec une dextérité merveilleuse, et la plaça devant la reine. Cléopâtre toucha le breuvage du bout des lèvres, le reposa à côté d'elle, et, tournant vers Charmion ses beaux yeux noirs, onctueux et lustrés par une vive étincelle de lumière.

« O Charmion ! dit-elle, je m'ennuie. »

II.

Charmion, pressentant une confidence, fit une mine d'assentiment douloureux et se rapprocha de sa maîtresse.

« Je m'ennuie horriblement, reprit Cléopâtre en laissant pendre ses bras comme découragée et vaincue; cette Egypte m'anéantit et m'écrase; ce

ciel, avec son azur implacable, est plus triste que
la nuit profonde de l'Erèbe : jamais un nuage ! jamais une ombre, et toujours ce soleil rouge, sanglant, qui vous regarde comme l'œil d'un cyclope !
Tiens, Charmion, je donnerais une perle pour une
goutte de pluie! de la prunelle enflammée de ce
ciel de bronze il n'est pas encore tombé une seule
larme sur la désolation de cette terre ; c'est un
grand couvercle de tombeau, un dôme de nécropole, un ciel mort et desséché comme les momies
qu'il recouvre ; il pèse sur mes épaules comme un
manteau trop lourd ; il me gêne et m'inquiète ; il
me semble que je ne pourrais me lever toute droite
sans m'y heurter le front; et puis, ce pays est
vraiment un pays effrayant; tout y est sombre,
énigmatique, incompréhensible! L'imagination n'y
produit que des chimères monstrueuses et des monuments démesurés ; cette architecture et cet art
me font peur ; ces colosses, que leurs jambes engagées dans la pierre condamnent à rester éternellement assis les mains sur leurs genoux, me fatiguent
de leur immobilité stupide ; ils obsèdent mes yeux
et mon horizon. Quand viendra donc le géant qui

doit les prendre par la main et les relever de leur faction de vingt siècles? Le granit lui-même se lasse, à la fin! Quel maître attendent-ils donc pour quitter la montagne qui leur sert de siége et se lever en signe de respect? de quel troupeau invisible ces grands sphinx accroupis comme des chiens qui guettent sont-ils les gardiens, pour ne fermer jamais la paupière et tenir toujours la griffe en arrêt? qu'ont-ils donc à fixer si opiniâtrément leurs yeux de pierre sur l'éternité et l'infini? quel secret étrange leurs lèvres serrées retiennent-elles dans leur poitrine? A droite, à gauche, de quelque côté que l'on se tourne, ce ne sont que des monstres affreux à voir, des chiens à tête d'homme, des hommes à tête de chiens, des chimères nées d'accouplements hideux dans la profondeur ténébreuse des syringes, des Anubis, des Typhons, des Osiris, des éperviers aux yeux jaunes qui semblent vous traverser de leurs regards inquisiteurs et voir au-delà de vous des choses que l'on ne peut redire, — une famille d'animaux et de dieux horribles aux ailes écaillées, au bec crochu, aux griffes tranchantes, toujours prêts à vous dévorer et à vous saisir si vous franchissez le seuil du temple et si vous levez le coin du voile! —

« Sur les murs, sur les colonnes, sur les plafonds, sur les planchers, sur les palais et sur les temples, dans les couloirs et les puits les plus profonds des nécropoles jusqu'aux entrailles de la terre, où la lumière n'arrive pas, où les flambeaux s'éteignent faute d'air, et partout, et toujours, d'interminables hiéroglyphes sculptés et peints racontant en langage inintelligible des choses que l'on ne sait plus et qui appartiennent sans doute à des créations disparues; prodigieux travaux enfouis où tout un peuple s'est usé à écrire l'épitaphe d'un roi! Du mystère et du granit, voilà l'Egypte; beau pays pour une jeune femme et une jeune reine!

« L'on ne voit que symboles menaçants et funèbres, des *pedum*, des tau, des globes allégoriques, des serpents enroulés, des balances où l'on pèse les âmes, — l'inconnu, la mort, le néant! Pour toute végétation, des stèles bariolées de caractères bizarres; pour allées d'arbres, des avenues d'obélisques de granit; pour sol, d'immenses pavés de granit dont chaque montagne ne peut fournir qu'une seule dalle ; pour ciel, des plafonds de granit.—L'éternité palpable, un amer et perpétuel sarcasme contre la fragilité et la brièveté de la vie ! — des escaliers faits pour des enjambées de Titan, que le pied humain ne saurait franchir et qu'il faut monter avec des échelles, des colonnes que cent bras ne pourraient entourer, des labyrinthes où l'on marcherait un an sans en trouver l'issue ! — le vertige de l'énormité, l'ivresse du gigantesque, l'effort désordonné de l'orgueil qui veut graver à tout prix son nom sur la surface du monde.

« Et puis, Charmion, je te le dis, j'ai une pensée qui me fait peur ; dans les autres contrées de la terre on brûle les cadavres, et leur cendre bientôt se confond avec le sol. Ici l'on dirait que les vivants n'ont d'autre occupation que de conserver les morts ; des baumes puissants les arrachent à la destruction ; ils gardent tous leur forme et leur aspect ; l'âme évaporée, la dépouille reste. Sous ce peuple il y a vingt peuples ; chaque ville a les pieds sur vingt étages de nécropoles; chaque génération qui s'en va fait une population de momies à une cité ténébreuse : sous le père vous trouvez le grand-père et l'aïeul dans sa boîte peinte et dorée, tels qu'ils étaient pendant leur vie, et vous fouilleriez toujours que vous en trouveriez toujours!

« Quand je songe à ces multitudes emmaillotées de bandelettes, à ces myriades de spectres desséchés qui remplissent les puits funèbres et qui sont là depuis deux mille ans, face à face, dans leur silence que rien ne vient troubler, pas même le bruit que fait en rampant le ver du sépulcre, et qu'on retrouvera intacts après deux autres mille ans, avec leurs chats, leurs crocodiles, leurs ibis, tout ce qui a vécu en même temps qu'eux, il me prend des terreurs et je me sens courir des frissons sur la peau. Que se disent-ils, puisqu'ils ont encore des lèvres, et que leur âme, si la fantaisie lui prenait de revenir, trouverait leur corps dans l'état où elle l'a quitté?

« L'Egypte est vraiment un royaume sinistre, et bien peu fait pour moi la rieuse et la folle; tout y renferme une momie; c'est le cœur et le noyau de toute chose. Après mille détours, c'est là que vous aboutissez; les pyramides cachent un sarcophage. Néant et folie que tout cela. Éventrez le ciel avec de gigantesques triangles de pierre, vous n'allongerez pas votre cadavre d'un pouce. Comment se réjouir et vivre sur une terre pareille, où l'on ne respire pour parfum que l'odeur âcre du naphte et du bitume qui bout dans les chaudières des embaumeurs, où le plancher de votre chambre sonne creux parce que les corridors des hypogées et des puits mortuaires s'étendent jusque sous votre alcôve? Être la reine des momies, avoir pour causer ces statues à poses roides et contraintes, c'est gai! Encore, si pour tempérer cette tristesse j'avais quelque passion au cœur, un intérêt à la vie, si j'aimais quelqu'un ou quelque chose! Si j'étais aimée! mais je ne le suis point.

« Voilà pourquoi je m'ennuie, Charmion; avec l'amour, cette Égypte aride et renfrognée me paraîtrait plus charmante que la Grèce avec ses dieux d'ivoire, ses temples de marbre blanc, ses bois de lauriers roses et ses fontaines d'eau vive. Je ne songerais pas à la physionomie baroque d'Anubis et aux épouvantements des villes souterraines. »

Charmion sourit d'un air incrédule. « Ce ne doit pas être là un grand sujet de chagrin pour vous;

car chacun de vos regards perce les cœurs comme les flèches d'or d'Eros lui-même.

— Une reine, reprit Cléopâtre, peut-elle savoir si c'est le diadème ou le front que l'on aime en elle; les rayons de sa couronne sidérale éblouissent les yeux et le cœur; descendue des hauteurs du trône, aurais-je la célébrité et la vogue de Bacchide ou d'Archenassa, de la première courtisane venue d'Athènes ou de Milet? Une reine, c'est quelque chose de si loin des hommes, de si élevé, de si séparé, de si impossible! Quelle présomption peut se flatter de réussir dans une pareille entreprise? Ce n'est plus une femme, c'est une figure auguste et sacrée qui n'a point de sexe, et que l'on adore à genoux sans l'aimer comme la statue d'une déesse. Qui a jamais été sérieusement épris d'Héré aux bras de neige, de Pallas aux yeux vert de mer? qui a jamais essayé de baiser les pieds d'argent de Thétys et les doigts de roses de l'Aurore? quel amant des beautés divines a pris des ailes pour voler vers les palais d'or du ciel? Le respect et la terreur glacent les âmes en notre présence, et pour être aimée de nos pareils il faudrait descendre dans les nécropoles dont je parlais tout à l'heure. »

Quoiqu'elle n'élevât aucune objection contre les raisonnements de sa maîtresse, un vague sourire errant sur les lèvres de l'esclave grecque faisait voir qu'elle ne croyait pas beaucoup à cette inviolabilité de la personne royale.

« Ah ! continua Cléopâtre, je voudrais qu'il m'arrivât quelque chose, une aventure étrange, inattendue ! Le chant des poëtes, la danse des esclaves syriennes, les festins couronnés de roses et prolongés jusqu'au jour, les courses nocturnes, les chiens de Laconie, les lions privés, les nains bossus, les membres de la confrérie des inimitables, les combats du cirque, les parures nouvelles, les robes de byssus, les unions de perles, les parfums d'Asie, les recherches les plus exquises, les somptuosités les plus folles, rien ne m'amuse plus ; tout m'est indifférent, tout m'est insupportable !

— On voit bien, dit tout bas Charmion, que la reine n'a pas eu d'amant et n'a fait tuer personne depuis un mois. »

Fatiguée d'une aussi longue tirade, Cléopâtre prit encore une fois la coupe posée à côté d'elle, y trempa ses lèvres, et, mettant sa tête sous son bras avec un mouvement de colombe, s'arrangea de son mieux pour dormir. Charmion lui défit ses sandales et se mit à lui chatouiller doucement la plante des pieds avec la barbe d'une plume de paon; le sommeil ne tarda pas à jeter sa poudre d'or sur les beaux yeux de la sœur de Ptolémée.

Maintenant que Cléopâtre dort, remontons sur le pont de la cange et jouissons de l'admirable spectacle du soleil couchant. Une large bande violette fortement chauffée de tons roux vers l'occident occupe toute la partie inférieure du ciel; en rencontrant les zones d'azur, la teinte violette se fond en lilas clair et se noie dans le bleu par une demi-teinte rose; du côté où le soleil, rouge comme un bouclier tombé des fournaises de Vulcain, jette ses ardents reflets, la nuance tourne au citron pâle, et produit des teintes pareilles à celles des turquoises. L'eau frisée par un rayon oblique a l'éclat mat d'une glace vue du côté du tain ou d'une lame damasquinée; les sinuosités de la rive, les joncs et tous les accidents du bord s'y découpent en traits fermes et noirs qui en font vivement ressortir la réverbération blanchâtre. A la faveur de cette clarté crépusculaire vous apercevrez là-bas comme un grain de poussière tombé sur du vif-argent, un petit point brun qui tremble dans un réseau de filets lumineux. Est-ce une sarcelle qui plonge, une tortue qui se laisse aller à la dérive, un crocodile levant pour respirer l'air moins brûlant du soir le bout de son rostre squameux, le ventre d'un hippopotame qui s'épanouit à fleur d'eau? ou bien encore quelque rocher laissé à découvert par la décroissance du fleuve? car le vieil Hopi-Mou, père des eaux, a bien besoin de remplir son urne tarie aux pluies du solstice dans les montagnes de la lune.

Ce n'est rien de tout cela. Par les morceaux d'Osiris si heureusement recousus! c'est un homme qui paraît marcher et patiner sur l'eau... l'on peut voir maintenant la nacelle qui le soutient, une vraie coquille de noix, un poisson creusé, trois bandes d'écorce ajustées, une pour le fond et deux pour les plats-bords, le tout solidement relié aux deux pointes avec une corde engluée de bitume. Un homme se tient debout, un pied sur chaque bord de cette frêle machine, qu'il dirige avec un seul aviron qui sert en même temps de gouvernail, et quoique la cange royale file rapidement sous l'effort de cinquante rameurs, la petite barque noire gagne visiblement sur elle.

Cléopâtre désirait un incident étrange, quelque chose d'inattendu ; cette petite nacelle effilée, aux allures mystérieuses, nous a tout l'air de porter sinon une aventure, du moins un aventurier. Peut-être contient-elle le héros de notre histoire. La chose n'est pas impossible.

C'était, en tout cas, un beau jeune homme de vingt ans, avec des cheveux si noirs qu'ils paraissaient bleus, une peau blonde comme de l'or, et de proportions si parfaites qu'on eût dit un bronze de Lysippe ; bien qu'il ramât depuis longtemps, il ne trahissait aucune fatigue, et il n'avait pas sur le front une seule perle de sueur.

Le soleil plongeait sous l'horizon, et sur son disque échancré se dessinait la silhouette brune d'une ville lointaine que l'œil n'aurait pu discerner sans cet accident de lumière ; il s'éteignit bientôt tout-à-fait, et les étoiles, belles de nuit du ciel,

ouvrirent leur calice d'or dans l'azur du firmament.
La cange royale, suivie de près par la petite nacelle, s'arrêta près d'un escalier de marbre noir dont chaque marche supportait un de ces sphinx haïs de Cléopâtre. C'était le débarcadère du palais d'été.

Cléopâtre, appuyée sur Charmion, passa rapidement comme une vision étincelante entre une double haie d'esclaves portant des fanaux.

Le jeune homme prit au fond de la barque une grande peau de lion, la jeta sur ses épaules, sauta légèrement à terre, tira la nacelle sur la berge et se dirigea vers le palais.

III.

Qu'est-ce que ce jeune homme qui, debout sur un morceau d'écorce, se permet de suivre la cange royale, et qui peut lutter de vitesse contre cinquante rameurs du pays de Kousch, nus jusqu'à la ceinture et frottés d'huile de palmier? Quel intérêt le pousse et le fait agir? Voilà ce que nous sommes obligé de savoir en notre qualité de poëte doué du don d'intuition, et pour qui tous les hommes et même toutes les femmes, ce qui est plus difficile, doivent avoir au côté la fenêtre que réclamait Momus.

Il n'est peut-être pas très aisé de retrouver ce que pensait, il y a tantôt deux mille ans, un jeune homme de la terre de Kémé qui suivait la barque de Cléopâtre, reine et déesse Évergète revenant de la Mammisi d'Hermonthis. Nous essaierons cependant.

Meïamoun, fils de Mandouschopsch, était un jeune homme d'un caractère étrange; rien de ce qui touche le commun des mortels ne faisait impression sur lui; il semblait d'une race plus haute, et l'on eût dit le produit de quelque adultère divin; son regard avait l'éclat et la fixité d'un regard d'épervier, et la majesté sereine siégeait sur son front comme sur un piédestal de marbre; un noble dédain arquait sa lèvre supérieure et gonflait ses narines comme celles d'un cheval fougueux; quoiqu'il eût presque la grâce délicate d'une jeune fille, et que Dionysius, le dieu efféminé, n'eût pas une poitrine plus ronde et plus polie, il cachait sous cette molle apparence des nerfs d'acier et une force herculéenne ; singulier privilége de certaines natures antiques de réunir la beauté de la femme à la force de l'homme.

Quant à son teint, nous sommes obligé d'avouer qu'il était fauve comme une orange, couleur contraire à l'idée blanche et rose que nous avons de la beauté ; ce qui ne l'empêchait pas d'être un fort charmant jeune homme, très recherché par toutes sortes de femmes jaunes, rouges, cuivrées, bistrées, dorées, et même par plus d'une blanche grecque.

D'après ceci, n'allez pas croire que Meïamoun fût un homme à bonnes fortunes : les cendres du vieux Priam, les neiges d'Hippolyte lui-même n'étaient pas plus insensibles et plus froides ; le jeune néophyte en tunique blanche, qui se prépare à l'initiation des mystères d'Isis, ne mène pas une vie plus chaste ; la jeune fille qui transit à l'ombre glaciale de sa mère n'a pas cette pureté craintive.

Les plaisirs de Meïamoun, pour un jeune homme de si farouche approche, étaient cependant d'une singulière nature ; il partait tranquillement le matin avec son petit bouclier de cuir d'hippopotame, son *harpé* ou sabre à lame courbe, son arc triangulaire et son carquois de peau de serpent, rempli de flèches barbelées. Puis il s'enfonçait dans le désert, et faisait galoper sa cavale aux jambes sèches, à la tête étroite, à la crinière échevelée, jusqu'à ce qu'il trouvât une trace de lionne ; cela le divertissait beaucoup d'aller prendre les petits lionceaux sous le ventre de leur mère. En toutes choses il n'aimait que le périlleux ou l'impossible ; il se plaisait fort à marcher dans des sentiers impraticables, à nager dans une eau furieuse, et il eût choisi pour se baigner dans le Nil précisément l'endroit des cataractes : l'abîme l'appelait.

Tel était Meïamoun, fils de Mandouschopsch.

Depuis quelque temps son humeur était devenue encore plus sauvage; il s'enfonçait des mois entiers dans l'océan de sables et ne reparaissait qu'à de rares intervalles. Sa mère inquiète se penchait vainement du haut de sa terrasse et interrogeait le chemin d'un œil infatigable. Après une longue attente un petit nuage de poussière tourbillonnait à l'horizon ; bientôt le nuage crevait et laissait voir

Meïamoun couvert de poussière sur sa cavale maigre comme une louve, l'œil rouge et sanglant, la narine frémissante, avec des cicatrices au flanc, cicatrices qui n'étaient pas des marques d'éperon.

Après avoir pendu dans sa chambre quelque peau d'hyène ou de lion, il repartait.

Et cependant, personne n'eût pu être plus heureux que Meïamoun ; il était aimé de Nephté, la fille du prêtre Afomouthis, la plus belle personne du nome d'Arsinoïte. Il fallait être Meïamoun pour ne pas voir que Nephté avait des yeux charmants, relevés par les coins avec une indéfinissable expression de volupté ; une bouche où scintillait un rouge sourire, des dents blanches et limpides, des bras d'une rondeur exquise et des pieds plus parfaits que les pieds de jaspe de la statue d'Isis ; assurément il n'y avait pas dans toute l'Égypte une main plus petite et des cheveux plus longs. Les charmes de Nephté n'eussent été effacés que par ceux de Cléopâtre. Mais qui pourrait songer à aimer Cléopâtre? Ixion, qui fut amoureux de Junon, ne serra dans ses bras qu'une nuée, et il tourne éternellement sa roue aux enfers.

C'était Cléopâtre qu'aimait Meïamoun!!

Il avait d'abord essayé de dompter cette passion folle, il avait lutté corps à corps avec elle. Mais on n'étouffe pas l'amour comme on étouffe un lion, et les plus vigoureux athlètes ne sauraient rien y faire. La flèche était restée dans la plaie et il la traînait partout avec lui; l'image de Cléopâtre radieuse et splendide sous son diadème à pointes d'or, seule debout dans sa pourpre impériale, au milieu d'un peuple agenouillé, rayonnait dans sa veille et dans son rêve; comme l'imprudent qui a regardé le soleil et qui voit toujours une tache insaisissable voltiger devant lui, Meïamoun voyait toujours Cléopâtre. Les aigles peuvent contempler le soleil sans être éblouis, mais quelle prunelle de diamant pourrait se fixer impunément sur une belle femme, sur une belle reine!

Sa vie était d'errer autour des demeures royales pour respirer le même air que Cléopâtre, pour baiser sur le sable, bonheur, hélas! bien rare, l'empreinte à demi effacée de son pied; il suivait les fêtes sacrées et les panégyries, tâchant de saisir un rayon de ses yeux, de dérober au passage un des mille aspects de sa beauté. Quelquefois la honte le prenait de cette existence insensée ; il se livrait à la chasse avec un redoublement de furie, et tâchait de mater par la fatigue l'ardeur de son sang et la fougue de ses désirs.

Il avait été à la panégyrie d'Hermonthis, et dans le vague espoir de revoir la reine un instant lorsqu'elle débarquerait au palais d'été, il avait suivi la cange dans sa nacelle sans s'inquiéter des âcres morsures du soleil par une chaleur à faire fondre en sueur de lave les sphinx haletants sur leurs piédestaux rougis.

Et puis, il comprenait qu'il touchait à un moment suprême, que sa vie allait se décider, et qu'il ne pouvait mourir avec son secret dans sa poitrine.

C'est une étrange situation que d'aimer une reine ; c'est comme si l'on aimait une étoile, encore l'étoile vient-elle chaque nuit briller à sa place dans le ciel ; c'est une espèce de rendez-vous mystérieux ; vous la retrouvez, vous la voyez, elle ne s'offense pas de vos regards ! O misère ! être pauvre, inconnu, obscur, assis tout au bas de l'échelle, et se sentir le cœur plein d'amour pour quelque chose de solennel, d'étincelant et de splendide, pour une femme dont la dernière servante ne voudrait pas de vous ! avoir l'œil fatalement fixé sur quelqu'un qui ne vous voit point, qui ne vous verra jamais, pour qui vous n'êtes qu'un flot de la foule pareil aux autres et qui vous rencontrerait cent fois sans vous reconnaître ! n'avoir, si l'occasion de parler se présente, aucune raison à donner d'une si folle audace, ni talent de poëte, ni grand génie, ni qualité surhumaine ; rien que de l'amour; et en échange de la beauté, de la noblesse, de la puissance de toutes les splendeurs qu'on rêve, n'apporter que de la passion ou sa jeunesse, choses rares !

Ces idées accablaient Meïamoun ; couché à plat ventre sur le sable, le menton dans ses mains, il se laissait emporter et soulever par le flot d'une intarissable rêverie ; il ébauchait mille projets plus insensés les uns que les autres. Il sentait bien qu'il tendait à un but impossible, mais il n'avait pas le courage d'y renoncer franchement, et la perfide espérance venait chuchoter à son oreille quelque menteuse promesse.

« Hâthor, puissante déesse, disait-il à voix basse, que t'ai-je fait pour me rendre si malheureux? te venges-tu du dédain que j'ai eu pour Nephté, la fille du prêtre Afomouthis? m'en veux-tu d'avoir repoussé Lamia, l'Hétaïre d'Athènes, ou Flora, la courtisane romaine? Est-ce ma faute à moi si mon cœur n'est sensible qu'à la seule beauté de Cléopâtre ta rivale? Pourquoi as-tu enfoncé dans mon âme la flèche empoisonnée de l'amour impossible! Quel sacrifice et quelles offrandes demandes-tu? Faut-il t'élever une chapelle de marbre rose de Syène avec des colonnes à chapiteaux dorés, un plafond d'une seule pièce et des hiéroglyphes sculptés en creux par les meilleurs ouvriers de Memphis ou de Thèbes? Réponds-moi. »

Comme tous les dieux et les déesses que l'on invoque, Hâthor ne répondit rien. Meïamoun prit un parti désespéré.

Cléopâtre de son côté invoquait aussi la déesse Hâthor; elle lui demandait un plaisir nouveau, une sensation inconnue; languissamment couchée sur son lit, elle songeait que le nombre des sens est bien borné, que les plus exquis raffinements laissent bien vite venir le dégoût, et qu'une reine a réellement bien de la peine à occuper sa journée. Essayer des poisons sur des esclaves, faire battre des hommes avec des tigres ou des gladiateurs entre eux! boire des perles fondues, manger une province! tout cela est fade et commun!

Charmion était aux expédients et ne savait plus que faire de sa maîtresse.

Tout à coup un sifflement se fit entendre; une flèche vint se planter en tremblant dans le revêtement de cèdre de la muraille.

Cléopâtre faillit s'évanouir de frayeur. Charmion se pencha à la fenêtre et n'aperçut qu'un flocon d'écume sur le fleuve. Un rouleau de papyrus entourait le bois de la flèche; il contenait ces mots écrits en caractères phonétiques : « Je vous aime! »

IV.

« Je vous aime, répéta Cléopâtre en faisant tourner entre ses doigts frêles et blancs le morceau de papyrus roulé à la façon des scytales, voilà le mot que je demandais; quelle âme intelligente, quel génie caché a donc si bien compris mon désir? »

Et, tout-à-fait réveillée de sa langoureuse torpeur, elle sauta à bas de son lit avec l'agilité d'une chatte qui flaire une souris, mit ses petits pieds d'ivoire dans ses *tatbebs* brodés, jeta une tunique de byssus sur ses épaules, et courut à la fenêtre par laquelle Charmion regardait toujours.

La nuit était claire et sereine ; la lune déjà levée dessinait avec de grands angles d'ombre et de lumière les masses architecturales du palais, détachées en vigueur sur un fond de bleuâtre transparence, et glaçait de moires d'argent l'eau du fleuve où son reflet s'allongeait en colonne étincelante ; un léger souffle de brise, qu'on eût pris pour la respiration des sphinx endormis, faisait palpiter les roseaux et frissonner les clochettes d'azur des lotus ; les câbles des embarcations amarrées au bord du Nil gémissaient faiblement, et le flot se plaignait sur son rivage comme une colombe sans ramier. Un vague parfum de végétation, plus doux que celui des aromates qui brûlent dans l'*anschir* des prêtres d'Anubis, arrivait jusque dans la chambre. C'était une de ces nuits enchantées de l'Orient, plus splendides que nos plus beaux jours, car notre soleil ne vaut pas cette lune.

« Ne vois-tu pas là-bas, vers le milieu du fleuve, une tête d'homme qui nage? Tiens, il traverse maintenant la traînée de lumière et va se perdre dans l'ombre; on ne peut plus le distinguer. » Et s'appuyant sur l'épaule de Charmion, elle sortait à demi son beau corps de la fenêtre pour tâcher de retrouver la trace du mystérieux nageur. Mais un bois d'acacias du Nil, de doums et de sayals, jetait à cet endroit son ombre sur la rivière et protégeait la fuite de l'audacieux. Si Meïamoun eût eu le bon esprit de se retourner, il aurait aperçu Cléopâtre, la reine sidérale, le cherchant avidement des yeux à travers la nuit, lui, pauvre Égyptien obscur, misérable chasseur de lions.

« Charmion, Charmion, fais venir Phrehipephbour, le chef des rameurs, et qu'on lance sans retard deux barques à la poursuite de cet homme, » dit Cléopâtre, dont la curiosité était excitée au plus haut degré.

Phrehipephbour parut : c'était un homme de la race Nahasi, aux mains larges, aux bras musculeux, coiffé d'un bonnet de couleur rouge, assez semblable au casque phrygien, et vêtu d'un caleçon étroit, rayé diagonalement de blanc et de bleu. Son buste entièrement nu reluisait à la clarté de la lampe, noir et poli comme un bloc de jais. Il prit les ordres de la reine et se retira sur-le-champ pour les exécuter.

Deux barques longues, étroites, si légères que le moindre oubli d'équilibre les eût fait chavirer, fendirent bientôt l'eau du Nil en sifflant sous l'effort de vingt rameurs vigoureux; mais la recherche fut inutile. Après avoir battu la rivière en tous sens, après avoir fouillé la moindre touffe de roseaux, Phrehipephbour revint au palais sans autre résultat que d'avoir fait envoler quelque héron endormi debout sur une patte ou troublé quelque crocodile dans sa digestion.

Cléopâtre éprouva un dépit si vif de cette contrariété qu'elle eut une forte envie de condamner Phrehipephbour à la meule ou aux bêtes. Heureusement Charmion intercéda pour le malheureux tout tremblant, qui pâlissait de frayeur sous sa peau noire. C'était la seule fois de sa vie qu'un de ses désirs n'avait pas été aussitôt accompli que formé; aussi éprouvait-elle une surprise inquiète, comme un premier doute sur sa toute-puissance.

Elle, Cléopâtre, femme et sœur de Ptolémée, proclamée déesse Evergète, reine vivante des régions d'en-bas et d'en-haut, œil de lumière, préférée du soleil, comme on peut le voir dans les cartouches sculptés sur les murailles des temples, rencontrer un obstacle, vouloir une chose qui ne s'est pas faite, avoir parlé et n'avoir pas été obéie! Autant vaudrait être la femme de quelque pauvre paraschiste inciseur de cadavres et faire fondre du natron dans une chaudière! C'est monstrueux, c'est exorbitant, et il faut être, en vérité, une reine très douce et très clémente pour ne pas faire mettre en croix ce misérable Phrehipephbour.

Vous vouliez une aventure, quelque chose d'étrange et d'inattendu; vous êtes servie à souhait. Vous voyez que votre royaume n'est pas si mort que vous le prétendiez. Ce n'est pas le bras de pierre d'une statue qui a lancé cette flèche, ce n'est pas du cœur d'une momie que viennent ces trois mots qui vous ont émue, vous qui voyez avec un sourire sur les lèvres vos esclaves empoisonnés battre du talon et de la tête, dans les convulsions de l'agonie, vos beaux pavés de mosaïque et de porphyre; vous qui applaudissez le tigre lorsqu'il a bravement enfoncé son mufle dans le flanc du gladiateur vaincu !

Vous aurez tout ce que vous voudrez, des chars d'argent étoilés d'émeraudes, des quadriges de griffons, des tuniques de pourpre teintes trois fois; des miroirs d'acier fondu entourés de pierres précieuses, si clairs que vous vous y verrez aussi belle que vous l'êtes; des robes venues du pays des Sériques, si fines, si déliées qu'elles passeraient par l'anneau de votre petit doigt; des perles d'un orient parfait, des coupes de Lysippe ou de Myron, des perroquets de l'Inde qui parlent comme des poëtes; vous obtiendrez tout, quand même vous demanderiez le ceste de Vénus ou le pschent d'Isis; mais en vérité vous n'aurez pas ce soir l'homme qui a lancé cette flèche qui tremble encore dans le bois de cèdre de votre lit.

Les esclaves qui vous habilleront demain n'auront pas beau jeu; elles ne risquent rien d'avoir la main légère; les épingles d'or de la toilette pourraient bien avoir pour pelote la gorge de la friseuse maladroite, et l'épileuse risque fort de se faire pendre au plafond par les pieds.

« Qui peut avoir eu l'audace de lancer cette déclaration emmanchée dans une flèche? Est-ce le nomarque Amoun-Ra qui se croit plus beau que l'Apollon des Grecs? qu'en penses-tu, Charmion? ou bien Cheapsiro, le commandant de l'Hermothybie, si fier de ses combats au pays de Kousch? Ne serait-ce pas plutôt le jeune Sextus, ce débauché Romain, qui met du rouge, grasseye en parlant et porte des manches à la persique?

— Reine, ce n'est aucun de ceux-là; quoique vous soyez la plus belle du monde, ces gens-là vous flattent et ne vous aiment pas : le nomarque Amoun-Ra s'est choisi une idole à qui il sera toujours fidèle, et c'est sa propre personne; le guerrier Cheapsiro ne pense qu'à raconter ses batailles, et quant à Sextus, il est si sérieusement occupé de la composition d'un nouveau cosmétique qu'il ne peut songer à rien autre chose. D'ailleurs, il a reçu des surtouts de Laconie, des tuniques jaunes brochées d'or, et des enfants asiatiques qui l'absorbent tout entier. Aucun de ces beaux seigneurs ne risquerait son cou dans une entreprise si hardie et si périlleuse; ils ne vous aiment pas assez pour cela.

« Vous disiez hier dans votre cange que les yeux éblouis n'osaient s'élever jusqu'à vous, que l'on ne savait que pâlir et tomber à vos pieds en demandant grâce, et qu'il ne vous restait d'autre ressource que d'aller réveiller dans son cercueil doré quelque vieux Pharaon parfumé de bitume. Il y a maintenant un cœur ardent et jeune qui vous aime : qu'en ferez-vous? »

Cette nuit-là, Cléopâtre eut de la peine à s'endormir, elle se tourna dans son lit, elle appela longtemps en vain Morphée, frère de la Mort; elle répéta plusieurs fois qu'elle était la plus malheureuse des reines, que l'on prenait à tâche de la contrarier, et que la vie lui était insupportable; grandes doléances qui touchaient assez peu Charmion, quoiqu'elle fît mine d'y compatir.

Laissons un peu Cléopâtre chercher le sommeil qui la fuit et promener ses conjectures sur tous les grands de la cour ; revenons à Meïamoun ; plus adroit que Phrehipephbour, le chef des rameurs, nous parviendrons bien à le trouver.

Effrayé de sa propre hardiesse, Meïamoun s'était jeté dans le Nil, et avait gagné à la nage le petit bois de palmiers-doums avant que Phrehipephbour n'eût lancé les deux barques à sa poursuite.

Lorsqu'il eut repris haleine et repoussé derrière ses oreilles ses longs cheveux noirs trempés de l'écume du fleuve, il se sentit plus à l'aise et plus calme. Cléopâtre avait quelque chose qui venait de lui. Un rapport existait entre eux maintenant; Cléopâtre pensait à lui, Meïamoun. Peut-être était-ce une pensée de courroux; mais au moins il était parvenu à faire naître en elle un mouvement quelconque, frayeur, colère ou pitié : il lui avait fait sentir son existence. Il est vrai qu'il avait oublié de mettre son nom sur la bande de papyrus; mais qu'eût appris de plus à la reine : Meïamoun, fils de Mandouschopsch? Un nomarque ou un esclave sont égaux devant elle. Une déesse ne s'abaisse pas plus en prenant pour amoureux un homme du peuple qu'un patricien ou un roi; de si haut l'on ne voit dans un homme que l'amour.

Le mot qui lui pesait sur la poitrine comme le genou d'un colosse de bronze en était enfin sorti;

il avait traversé les airs, il était parvenu jusqu'à la reine, pointe du triangle, sommet inaccessible! Dans ce cœur blasé il avait mis une curiosité, — progrès immense!

Meïamoun ne se doutait pas d'avoir si bien réussi, mais il était plus tranquille, car il s'était juré à lui-même, par la bari mystique qui conduit les âmes dans l'amenthi, par les oiseaux sacrés, Bennou et Gheughen, par Typhon et par Osiris, par tout ce que la mythologie égyptienne peut offrir de formidable, qu'il serait l'amant de Cléopâtre, ne fût-ce qu'un jour, ne fût-ce qu'une nuit, ne fût-ce qu'une heure, dût-il lui en coûter son corps et son âme.

Expliquer comment lui était venu cet amour pour une femme qu'il n'avait vue que de loin et sur laquelle il osait à peine lever ses yeux, lui qui ne les baissait pas devant les jaunes prunelles des lions, et comment cette petite graine tombée par hasard dans son âme y avait poussé si vite et jeté de si profondes racines, c'est un mystère que nous n'expliquerons pas; nous avons dit là-haut: l'abîme l'appelait.

Quand il fut bien sûr que Phrehipephbour était

rentré avec les rameurs, il se jeta une seconde fois dans le Nil et se dirigea de nouveau vers le palais de Cléopâtre, dont la lampe brillait à travers un rideau de pourpre et semblait une étoile fardée; Léandre ne nageait pas vers la tour de Sestos avec plus de courage et de vigueur, et cependant Meïamoun n'était pas attendu par une Héro prête à lui verser sur la tête des fioles de parfums pour chasser l'odeur de la marine et des âcres baisers de la tempête.

Quelque bon coup de lance ou de *harpé* était tout ce qui pouvait lui arriver de mieux, et à vrai dire ce n'était guère de cela qu'il avait peur.

Il longea quelque temps la muraille du palais dont les pieds de marbre baignaient dans le fleuve, et s'arrêta devant une ouverture submergée, par où l'eau s'engouffrait en tourbillonnant. Il plongea deux ou trois fois sans succès; enfin il fut plus heureux, rencontra le passage et disparut.

Cette arcade était un canal voûté qui conduisait l'eau du Nil aux bains de Cléopâtre.

V.

Cléopâtre ne s'endormit que le matin à l'heure où rentrent les songes envolés par la porte d'ivoire. L'illusion du sommeil lui fit voir toutes sortes d'amants se jetant à la nage, escaladant les murs pour arriver jusqu'à elle; et, souvenir de la veille, ses rêves étaient criblés de flèches chargées de déclarations amoureuses. Ses petits talons agités de tressaillements nerveux frappaient la poitrine de Charmion, couchée en travers du lit pour lui servir de coussin.

Lorsqu'elle s'éveilla, un gai rayon jouait dans le rideau de la fenêtre dont il trouait la trame de mille points lumineux, et venait familièrement jusque sur le lit voltiger comme un papillon d'or autour de ses belles épaules qu'il effleurait en passant d'un baiser lumineux. Heureux rayon que les dieux eussent envié !

Cléopâtre demanda à se lever d'une voix mourante comme un enfant malade ; deux de ses femmes l'enlevèrent dans leurs bras et la posèrent précieusement à terre sur une grande peau de tigre dont les ongles étaient d'or et les yeux d'escarboucle. Charmion l'enveloppa d'une calasiris de lin plus blanche que le lait, lui entoura les cheveux d'une résille de fils d'argent, et lui plaça les pieds dans des *tatbebs* de liége sur la semelle desquels, en signe de mépris, l'on avait dessiné deux figures grotesques représentant deux hommes des races Nahasi et Nahmou, les mains et les pieds liés, en sorte que Cléopâtre méritait littéralement l'épithète de *conculcatrice des peuples* que lui donnent les cartouches royaux.

C'était l'heure du bain, Cléopâtre s'y rendit avec ses femmes.

Les bains de Cléopâtre étaient bâtis dans de vastes jardins remplis de mimosas, de caroubiers, d'aloës, de citronniers, de pommiers persiques, dont la fraîcheur luxuriante faisait un délicieux contraste avec l'aridité des environs ; d'immenses terrasses soutenaient des massifs de verdure et faisaient monter les fleurs jusqu'au ciel par de gigantesques escaliers de granit rose ; des vases de marbre pentélique s'épanouissaient comme de grands lys au bord de chaque rampe, et les plantes qu'ils contenaient ne semblaient que leurs pistils ; des chimères caressées par le ciseau des plus habiles sculpteurs grecs, et d'une physionomie moins rébarbative que les sphinx égyptiens avec leur mine renfrognée et leur attitude morose, étaient couchées mollement sur le gazon tout piqué de fleurs, comme de sveltes levrettes blanches sur un tapis de salon ; c'étaient de charmantes figures de femme, le nez droit, le front uni, la bouche petite, les bras délicatement potelés, la gorge ronde et pure, avec des boucles d'oreilles, des colliers et des ajustements d'un caprice adorable, se bifurquant en queue de poisson, comme la femme dont parle Horace, se déployant en aile d'oiseau, s'arrondissant en croupe de lionne, se contournant en volute de feuillage, selon la fantaisie de l'artiste ou les convenances de la position architecturale : — une double rangée de ces délicieux monstres bordait l'allée qui conduisait du palais à la salle.

Au bout de cette allée l'on trouvait un large bassin avec quatre escaliers de porphyre ; à travers la transparence de l'eau diamantée on voyait les marches descendre jusqu'au fond sablé de poudre d'or ; des femmes terminées en gaîne comme des cariatides faisaient jaillir de leurs mamelles un filet d'eau parfumée qui retombait dans le bassin en rosée d'argent et en picotait le clair miroir de ses gouttelettes grésillantes. Outre cet emploi, ces cariatides avaient encore celui de porter sur leur tête un entablement orné de Néréides et de Tritons en bas-relief et muni d'anneaux de bronze pour attacher les cordes de soie du velarium. Au-delà du portique l'on apercevait des verdures humides et bleuâtres, des fraîcheurs ombreuses, un morceau de la vallée de Tempé transporté en Égypte. Les fameux jardins de Sémiramis n'étaient rien auprès de cela.

Nous ne parlerons pas de sept ou huit autres salles de différentes températures, avec leur vapeur chaude ou froide, leurs boîtes de parfums, leurs cosmétiques, leurs huiles, leurs pierres-ponce, leurs gantelets de crin, et tous les raffinements de l'art balnéatoire antique poussé à un si haut degré de volupté et de raffinement.

Cléopâtre arriva, la main sur l'épaule de Charmion; elle avait fait au moins trente pas toute seule! grand effort! fatigue énorme! Un léger nuage rose se répandant sous la peau transparente de ses joues en rafraîchissait la pâleur passionnée; ses tempes blondes comme l'ambre laissaient voir un réseau de veines bleues; son front uni, peu élevé comme les fronts antiques, mais d'une rondeur et d'une forme parfaites, s'unissait par une ligne irréprochable à un nez sévère et droit, en façon de camée, coupé de narines roses et palpitantes à la moindre émotion, comme les naseaux d'une tigresse amoureuse; la bouche petite, ronde, très rapprochée du nez, avait la lèvre dédaigneusement arquée; mais une volupté effrénée, une ardeur de vie incroyable rayonnait dans le rouge éclat et le lustre humide de la lèvre inférieure. Ses yeux avaient des paupières étroites, des sourcils minces et presque sans inflexion. Nous n'essaierons pas d'en donner une idée; c'était un feu, une langueur, une limpidité étincelante à faire tourner la tête de chien d'Anubis lui-même; chaque regard de ses yeux était un poëme supérieur à ceux d'Homère ou de Mimnerme; un menton impérial plein de force et de domination terminait dignement ce charmant profil.

Elle se tenait debout sur la première marche du bassin, dans une attitude pleine de grâce et de fierté; légèrement cambrée en arrière, le pied suspendu comme une déesse qui va quitter son piédestal et dont le regard est encore au ciel; deux plis superbes partaient des pointes de sa gorge et filaient d'un seul jet jusqu'à terre. Phidias, s'il eût été son contemporain et s'il eût pu la voir, aurait brisé sa Vénus de dépit.

Avant d'entrer dans l'eau, par un nouveau caprice, elle dit à Charmion de lui changer sa coiffure à résilles d'argent; elle aimait mieux une couronne de fleurs de lotus avec des joncs, comme une divinité marine. Charmion obéit, — ses cheveux délivrés coulèrent en cascades noires sur ses épaules, et pendirent en grappes comme des raisins mûrs au long de ses belles joues.

Puis la tunique de lin, retenue seulement par une agrafe d'or, se détacha, glissa au long de son corps de marbre et s'abattit en blanc nuage à ses pieds comme le cygne aux pieds de Léda...

Et Meïamoun, où était-il?

O cruauté du sort! tant d'objets insensibles jouissent de faveurs qui raviraient un amant de joie; le vent qui joue avec une chevelure parfumée ou qui donne à de belles lèvres des baisers qu'il ne peut apprécier, l'eau à qui cette volupté est bien indifférente, et qui enveloppe d'une seule caresse un beau corps adoré, le miroir qui réfléchit tant d'images charmantes, le cothurne ou le tatbeb qui enferme un divin petit pied. Oh! que de bonheurs perdus!

Cléopâtre trempa dans l'eau son talon vermeil et descendit quelques marches; l'onde frissonnante lui faisait une ceinture et des bracelets d'argent et roulait en perles sur sa poitrine et ses épaules comme un collier défait; ses grands cheveux soulevés par l'eau s'étendaient derrière elle comme un manteau royal; elle était reine même au bain. Elle allait et venait, plongeait et rapportait du fond dans ses mains des poignées de poudre d'or qu'elle lançait en riant à quelqu'une de ses femmes; d'autres fois elle se suspendait à la balustrade du bassin, cachant et découvrant ses trésors, tantôt ne laissant voir que son dos poli et lustré, tantôt se montrant entière comme la Vénus Anadyomène, et variant sans cesse les aspects de sa beauté.

Tout à coup elle poussa un cri plus aigu que Diane surprise par Actéon; elle avait vu à travers le feuillage luire une prunelle ardente, jaune et phosphorique comme un œil de crocodile ou de lion.

C'était Meïamoun qui, tapi contre terre derrière une touffe de feuilles, plus palpitant qu'un faon dans les blés, s'enivrait du dangereux bonheur de regarder la reine dans son bain. Quoiqu'il fût courageux jusqu'à la témérité, le cri de Cléopâtre lui entra dans le cœur plus froid qu'une lame d'épée; une sueur mortelle lui couvrit tout le corps; ses artères sifflaient dans ses tempes avec un bruit strident, la main de fer de l'anxiété lui serrait la gorge et l'étouffait.

Les eunuques accoururent la lance au poing; Cléopâtre leur désigna le groupe d'arbres où ils trouvèrent Meïamoun blotti et pelotonné; la défense n'était pas possible; il ne l'essaya pas et se laissa prendre. Ils s'apprêtaient à le tuer avec l'impassibilité cruelle et stupide qui caractérise les eunuques; mais Cléopâtre, qui avait eu le temps de s'envelopper de sa calasiris, leur fit signe de la main de s'arrêter et de lui amener le prisonnier.

Meïamoun ne put que tomber à ses genoux en tendant vers elle des mains suppliantes comme vers l'autel des dieux.

« Es-tu quelque assassin gagé par Rome, et que venais-tu faire dans ces lieux sacrés dont les hommes sont bannis? dit Cléopâtre avec un geste d'interrogation impérieuse.

— Que mon âme soit trouvée légère dans la balance de l'Amenthi, et que Tmeï, fille du soleil et déesse de la vérité, me punisse si jamais j'eus contre vous, ô reine! une intention mauvaise, » répondit Meïamoun toujours à genoux.

La sincérité et la loyauté brillaient sur sa figure en caractères si transparents que Cléopâtre abandonna sur-le-champ cette pensée, et fixa sur le jeune Égyptien des regards moins sévères et moins irrités ; elle le trouvait beau.

« Alors, quelle raison te poussait dans un lieu où tu ne pouvais rencontrer que la mort?

— Je vous aime, » dit Meïamoun d'une voix basse, mais distincte ; car son courage lui était revenu comme dans toutes les situations extrêmes et que rien ne peut empirer.

« Ah! fit Cléopâtre en se penchant vers lui et en lui saisissant le bras avec un mouvement brusque et soudain, c'est toi qui as lancé la flèche avec le rouleau de papyrus ; par Oms, chien des enfers, tu es un misérable bien hardi!... Je te reconnais maintenant; il y a longtemps que je te vois errer comme une ombre plaintive autour des lieux que j'habite... Tu étais à la procession d'Isis, à la panégyrie d'Hermonthis, tu as suivi la cange royale. Ah! il te faut une reine!... Tu n'as point des ambitions médiocres; tu t'attendais sans doute à être payé de retour... Assurément je vais t'aimer... Pourquoi pas?

— Reine, répondit Meïamoun avec un air de grave mélancolie, ne raillez pas. Je suis insensé, c'est vrai; j'ai mérité la mort, c'est vrai encore; soyez humaine, faites-moi tuer.

— Non, j'ai le caprice d'être clémente aujourd'hui; je t'accorde la vie.

— Que voulez-vous que je fasse de la vie? Je vous aime.

—Eh bien! tu seras satisfait, tu mourras, répondit Cléopâtre; tu as fait un rêve étrange, extravagant; tes désirs ont dépassé en imagination un seuil infranchissable, — tu pensais que tu étais César ou Marc-Antoine, tu aimais la reine! A certaines heures de délire tu as pu croire qu'à la suite de circonstances qui n'arrivent qu'une fois tous les mille ans, Cléopâtre un jour t'aimerait. Eh bien ! ce que tu croyais impossible va s'accomplir, je vais faire une réalité de ton rêve ; cela me plaît, une fois, de combler une espérance folle. Je veux t'inonder de splendeurs, de rayons et d'éclairs, je veux que ta fortune ait des éblouissements. Tu étais en bas de la roue, je vais te mettre en haut, brusquement, subitement, sans transition. Je te prends dans le néant, je fais de toi l'égal d'un dieu et je te replonge dans le néant. C'est tout ; mais ne viens pas m'appeler cruelle, implorer ma pitié, ne vas pas faiblir quand l'heure arrivera. Je suis bonne, je me prête à ta folie, j'aurais le droit de te faire tuer sur-le-champ ; mais tu me dis que tu m'aimes, je te ferai tuer demain ; ta vie pour une nuit. Je suis généreuse, je te l'achète, je pourrais la prendre ; mais que fais-tu à mes pieds ? relève-toi, et donne-moi la main pour rentrer au palais.

VI.

Notre monde est bien petit à coté du monde antique, nos fêtes sont mesquines auprès des effrayantes somptuosités des patriciens romains et des princes asiatiques; leurs repas ordinaires passeraient aujourd'hui pour des orgies effrénées, et toute une ville moderne vivrait pendant huit jours de la desserte de Lucullus soupant avec quelques amis intimes. Nous avons peine à concevoir, avec nos habitudes misérables, ces existences énormes, réalisant tout ce que l'imagination peut inventer de hardi, d'étrange et de plus monstrueusement en dehors du possible. Nos palais sont des écuries où Caligula n'eût pas voulu mettre son cheval; le plus riche des rois constitutionnels ne mène pas le train d'un petit satrape ou d'un proconsul romain. Les soleils radieux qui brillaient sur la terre sont à tout jamais éteints dans le néant de l'uniformité; il ne se lève plus sur la noire fourmilière des hommes de ces colosses à formes de Titan, qui parcouraient le monde en trois pas, comme les chevaux d'Homère;—plus de tour de Lylacq, plus de Babel géante escaladant le ciel de ses spirales infinies, plus de temples démesurés faits avec des quartiers de montagne, de terrasses royales que chaque siècle et chaque peuple n'ont pu élever que d'une assise, et d'où le prince accoudé et rêveur peut regarder la figure du monde comme une carte déployée; plus de ces villes désordonnées faites d'un inextricable entassement d'édifices cyclopéens, avec leurs circonvallations profondes, leurs cirques rugissant nuit et jour, leurs réservoirs remplis d'eau de mer et peuplés de léviathans et de baleines, leurs rampes colossales, leurs superpositions de terrasses, leurs tours au faîte baigné de nuages, leurs palais géants, leurs aqueducs, leurs cités vomitoires et leurs nécropoles ténébreuses! Hélas! plus rien que des ruches de plâtre sur un damier de pavés.

L'on s'étonne que les hommes ne se soient pas révoltés contre ces confiscations de toutes les richesses et de toutes les forces vivantes au profit de quelques rares privilégiés, et que de si exorbitantes fantaisies n'aient point rencontré d'obstacles sur leur chemin sanglant; c'est que ces existences prodigieuses étaient la réalisation au soleil du rêve que chacun faisait la nuit;—des personnifications de la pensée commune, et que les peuples se regardaient vivre symbolisés sous un de ces noms météoriques qui flamboient inextinguiblement dans la nuit des âges. Aujourd'hui, privé de ce spectacle éblouissant de la volonté toute-puissante, de cette haute contemplation d'une âme humaine dont le moindre désir se traduit en actions inouïes, en énormités de granit et d'airain, le monde s'ennuie éperdument et désespérément, l'homme n'est plus représenté dans sa fantaisie impériale.

L'histoire que nous écrivons et le grand nom de Cléopâtre qui s'y mêle nous ont jeté dans ces réflexions mal sonnantes pour des oreilles civilisés. Mais le spectacle du monde antique est quelque chose de si écrasant, de si décourageant pour les imaginations qui se croient effrénées et les esprits qui pensent avoir atteint aux dernières limites de la magnificence féerique, que nous n'avons pu nous empêcher de consigner ici nos doléances et nos tristesses de n'avoir pas été contemporain de Sardanapale, de Teglath Phalazar, de Cléopâtre, reine d'Egypte, ou seulement d'Héliogabale, empereur de Rome, et prêtre du Soleil.

Nous avons à décrire une orgie suprême, un festin à faire pâlir celui de Balthazar, *Une Nuit de Cléopâtre*. Comment, avec la langue française si chaste, si glacialement prude, rendrons-nous cet emportement frénétique, cette large et puissante débauche qui ne craint pas de mêler le sang et le vin, ces deux pourpres, et ces furieux élans de la volupté inassouvie se ruant à l'impossible avec toute l'ardeur de sens que le long jeûne chrétien n'a pas encore matés?

La nuit promise devait être splendide; il fallait que toutes les joies possibles d'une existence humaine fussent concentrées en quelques heures! il fallait faire de la vie de Meïamoun un élixir puissant qu'il pût boire en une seule coupe. Cléopâtre voulait éblouir sa victime volontaire, et la plonger dans un tourbillon de voluptés vertigineuses, l'enivrer, l'étourdir avec le vin de l'orgie, pour que la mort, bien qu'acceptée, arrivât sans être vue ni comprise.

Transportons nos lecteurs dans la salle du banquet.

Notre architecture actuelle offre peu de points de comparaison avec ces constructions immenses dont les ruines ressemblent plutôt à des éboulements de montagnes qu'à des restes d'édifices. Il fallait toute l'exagération de la vie antique pour animer et remplir ces prodigieux palais dont les salles étaient si vastes qu'elles ne pouvaient avoir d'autres plafonds que le ciel, magnifique plafond, et bien digne d'une pareille architecture !

La salle du festin avait des proportions énormes et babyloniennes; l'œil ne pouvait en pénétrer la profondeur incommensurable; de monstrueuses colonnes, courtes, trapues, solides à porter le pôle, épataient lourdement leur fût évasé sur un socle bigarré d'hiéroglyphes, et soutenaient de leurs chapiteaux ventrus de gigantesques arcades de granit s'avançant par assises comme des escaliers renversés. Entre chaque pilier un sphinx colossal de basalte, coiffé du pschent, allongeait sa tête à l'œil oblique, au menton cornu, et jetait dans la salle son regard fixe et mystérieux; au second étage, en recul du premier, les chapiteaux des colonnes, plus sveltes de tournure, étaient remplacés par quatre têtes de femmes adossées avec les barbes cannelées et les enroulements de la coiffure égyptienne; au lieu de sphinx, des idoles à tête de taureau, spectateurs impassibles des délires nocturnes et des fureurs orgiaques, étaient assis dans des siéges de pierre comme des hôtes patients qui attendent que le festin commence.

Un troisième étage d'un ordre différent, avec des éléphants de bronze lançant de l'eau de senteur par la trompe, couronnait l'édifice ; par-dessus, le ciel s'ouvrait comme un gouffre bleu, et les étoiles curieuses s'accoudaient sur la frise.

De prodigieux escaliers de porphyre, si polis qu'ils réfléchissaient les corps comme des miroirs, montaient et descendaient de tous côtés et liaient entre elles ces grandes masses d'architecture.

Nous ne traçons ici qu'une ébauche rapide pour faire comprendre l'ordonnance de cette construction formidable avec ses proportions hors de toute mesure humaine. Il faudrait le pinceau de Martinn, le grand peintre des énormités disparues, et nous n'avons qu'un maigre trait de plume au lieu de la profondeur apocalyptique de la manière noire ; mais l'imagination y suppléera. Moins heureux que le peintre et le musicien, nous ne pouvons présenter les objets que les uns après les autres ; nous n'avons parlé que de la salle du festin, laissant de côté les convives ; encore ne l'avons-nous qu'indiquée. Cléopâtre et Meïamoun nous attendent ; les voici qui s'avancent.

Meïamoun était vêtu d'une tunique de lin constellée d'étoiles avec un manteau de pourpre et des bandelettes dans les cheveux comme un roi oriental. Cléopâtre portait une robe glauque, fendue sur le côté et retenue par des abeilles d'or; autour de ses bras nus jouaient deux rangs de grosses perles; sur sa tête rayonnait la couronne à pointes d'or; malgré le sourire de sa bouche, un nuage de préoccupation ombrait légèrement son beau front, et ses sourcils se rapprochaient quelquefois avec un mouvement fébrile. Quel sujet peut donc contrarier la grande reine? Quant à Meïamoun, il avait le teint ardent et lumineux d'un homme dans l'extase ou dans la vision; des effluves rayonnantes partant de ses tempes et de son front, lui faisaient un nimbe d'or comme à un des douze grands dieux de l'Olympe.

Une joie grave et profonde brillait dans tous ses traits; il avait embrassé sa chimère aux ailes inquiètes sans qu'elle s'envolât; il avait touché le but de sa vie; il vivrait l'âge de Nestor et de Priam, il verrait ses tempes veinées se couvrir de cheveux blancs, comme ceux du grand-prêtre d'Ammon, il n'éprouverait rien de nouveau, il n'apprendrait rien de plus. Il a obtenu tellement au-delà de ses plus folles espérances que le monde n'a plus rien à lui donner.

Cléopâtre le fit asseoir à côté d'elle sur un trône côtoyé de griffons d'or et frappa ses petites mains l'une contre l'autre. Tout à coup des lignes de feux, des cordons scintillants, dessinèrent toutes les saillies de l'architecture; les yeux des sphinx lancèrent des éclairs phosphoriques, une haleine enflammée sortit du mufle des idoles, les éléphants, au lieu d'eau parfumée, soufflèrent une colonne rougeâtre; des bras de bronze jaillirent des murailles avec des torches au poing; dans le cœur sculpté des lotus s'épanouirent des aigrettes éclatantes.

De larges flammes bleuâtres palpitaient dans les trépieds d'airain, des candélabres géants secouaient leur lumière échevelée dans une ardente vapeur; tout scintillait et rayonnait, les iris prismatiques se croisaient et se brisaient en l'air, les facettes des coupes, les angles des marbres et des jaspes, les ciselures des vases, tout prenait une paillette, un luisant ou un éclair ; la clarté ruisselait par torrents et tombait de marche en marche comme une cascade sur les escaliers de porphyre; l'on aurait dit la réverbération d'un incendie dans une rivière; si la reine de Saba les eût montés, elle eût relevé le pli de sa robe croyant marcher dans l'eau comme sur le parquet de glace de Salomon! A travers ce brouillard étincelant, les figures monstrueuses des colosses, les animaux, les hiéroglyphes semblaient s'animer et vivre d'une vie factice; les béliers de granit noir ricanaient ironiquement et choquaient leurs cornes dorées, les idoles respiraient avec bruit par leurs naseaux haletants.

L'orgie était à son plus haut degré; les plats de langues de phénicoptères et de foie de scarrus, les murènes engraissées de chair humaine et préparées au garum, les cervelles de paon, les sangliers pleins d'oiseaux vivants, et toutes les merveilles des festins antiques décuplées et centuplées, s'entassaient sur les trois pans du gigantesque triclinium; les vins de Crète, de Massique et de Falerne écumaient dans des cratères d'or couronnés de roses, remplis par des pages asiatiques dont les belles chevelures flottantes servaient à essuyer les mains des convives; des musiciens jouant du sistre, du tympanon, de la sambucque et de la harpe à vingt et une cordes, remplissaient les travées supérieures et jetaient leur bruissement harmonieux dans la tempête de bruit qui planait sur la fête : la foudre n'aurait pas eu la voix assez haute pour se faire entendre.

Meïamoun, la tête penchée sur l'épaule de Cléopâtre, sentait sa raison lui échapper; la salle du festin tourbillonnait autour de lui comme un immense cauchemar architectural; il voyait, à travers ses éblouissements, des perspectives et des colonnades sans fin; de nouvelles zones de portiques se superposaient aux véritables, et s'enfonçaient dans les cieux à des hauteurs où les Babel ne sont jamais parvenues. S'il n'eût senti dans sa main la main douce et froide de Cléopâtre, il eût cru être transporté dans le monde des enchantements par un sorcier de Thessalie ou un mage de Perse.

Vers la fin du repas, des nains bossus et des morions exécutèrent des danses et des combats grotesques. Puis des jeunes filles égyptiennes et grecques, représentant les heures noires et blanches, dansèrent sur le mode ionien une danse voluptueuse avec une perfection inimitable.

Cléopâtre elle-même se leva de son trône, rejeta son manteau royal, remplaça son diadème sidéral par une couronne de fleurs, ajusta des crotales d'or à ses mains d'albâtre, et se mit à danser devant Meïamoun éperdu de ravissement. Ses beaux bras, arrondis comme les anses d'un vase de marbre, secouaient au-dessus de sa tête des grappes de notes étincelantes, et ses crotales babillaient avec une volubilité toujours croissante. Debout sur la pointe vermeille de ses petits pieds, elle avançait rapidement et venait effleurer d'un baiser le front de Meïamoun, puis elle recommençait son manége et voltigeait autour de lui, tantôt se cambrant en arrière, la tête renversée, l'œil demi-clos, les bras pâmés et morts, les cheveux débouclés et pendants comme une bacchante du mont Ménale agitée par son dieu; tantôt leste, vive, rieuse, papillonnante, infatigable et plus capricieuse en ses méandres que l'abeille qui butine ; l'amour du cœur, la volupté des sens, la passion ardente, la jeunesse inépuisable et fraîche, la promesse du bonheur prochain, elle exprimait tout.

Les pudiques étoiles ne regardaient plus, leurs chastes prunelles d'or n'auraient pu supporter un tel spectacle ; le ciel même s'était effacé et un dôme de vapeur enflammée couvrait la salle.

Cléopâtre revint s'asseoir près de Meïamoun. La nuit s'avançait, la dernière des heures noires allait s'envoler ; une lueur bleuâtre entra d'un pied déconcerté dans ce tumulte de lumières rouges, comme un rayon de lune qui tombe dans une fournaise ; les arcades supérieures s'azurèrent doucement, le jour paraissait.

Meïamoun prit le vase de corne que lui tendit un esclave éthiopien à physionomie sinistre, et qui contenait un poison tellement violent qu'il eût fait éclater tout autre vase. Après avoir jeté sa vie à sa maîtresse dans un dernier regard, il porta à ses lèvres la coupe funeste où la liqueur empoisonnée bouillonnait et sifflait.

Cléopâtre pâlit et posa sa main sur le bras de

Meïamoun pour le retenir. Son courage la touchait ; elle allait lui dire : « Vis encore pour m'aimer, je le veux... » quand un bruit de clairon se fit entendre ; quatre hérauts d'armes entrèrent à cheval dans la salle du festin ; c'étaient des officiers de Marc-Antoine qui ne précédaient leur maître que de quelques pas ; elle lâcha silencieusement le bras de Meïamoun. Un rayon de soleil vint jouer sur le front de Cléopâtre comme pour remplacer son diadème absent.

« Vous voyez bien que le moment est arrivé ; il fait jour, c'est l'heure où les beaux rêves s'envolent, » dit Meïamoun ; puis il vida d'un trait le vase fatal et tomba comme frappé de la foudre. Cléopâtre baissa la tête, et dans sa coupe une larme brûlante, la seule qu'elle ait versée de sa vie, alla rejoindre la perle fondue.

« Par Hercule ! ma belle reine, j'ai eu beau faire diligence, je vois que j'arrive trop tard, dit Marc-Antoine en entrant dans la salle du festin ; le souper est fini. Mais que signifie ce cadavre renversé sur les dalles ?

— Oh ! rien, fit Cléopâtre en souriant ; c'est un

poison que j'essayais pour m'en servir si Auguste me faisait prisonnière. Vous plairait-il, mon cher seigneur, de vous asseoir à côté de moi et de voir danser ces bouffons grecs?..

FIN.

Recoules, *Éditeur-Commissionnaire.*

LE DOCTEUR ROUGE, par J.-P. Lapitte, 3 vol. in-8.

JERÔME PATUROT A LA RECHERCHE D'UNE POSITION SOCIALE, 3 vol. in-8.

LA VIPÈRE, par J. Lacroix, 2 vol. in-8.

MYSTÈRES DU GRAND MONDE, 6 vol. in-8.
Les tomes 3, 4, 5 et 6 se vendent séparément.

LE DRAGON ROUGE, par Léon Gozlan, 2 vol. in-8.

LA COMÉDIE DE LA MORT, par Theophile Gautier, 1 vol. in-8.

LES MÉDICIS, par Alex. Dumas, 2 vol. in-8.

MÉMOIRES D'UN PRISONNIER D'ÉTAT, par Andryanne, 4 vol. in-8.

PELAIO, par E. Corbière, 2 vol. in-8.

ABBE (L') ET LES MOUSQUETAIRES, par Guérin, 2 vol. in-8.

ISABELLE OU COMTESSE, par Guérin, 2 vol. in-8.

LOGE (LA) ET LE SALON, par Guérin, 2 vol. in-8.

MADAME DE PARABÈRE, par Guérin, 2 vol. in-8.

FONTAINE (LA) SAINTE-CATHERINE, par Ducray-Duminil (nouvelle édition), 4 vol. in-12.

VICTOR OU L'ENFANT DE LA FORÊT, par le même, 3 vol. in-12.

LES PETITS ORPHELINS DU HAMEAU, par le même, 3 vol. in-12.

COELINA OU L'ENFANT DU MYSTÈRE, par le même, 4 vol. in-12.

Imprimé chez Paul Renouard, rue Garancière, n. 5.

www.ingramcontent.com/pod-product-compliance
Lightning Source LLC
Chambersburg PA
CBHW060612170426
43201CB00009B/997